南方传媒研究

NANFANG MEDIA RESEARCH

南方报业传媒集团 南方传媒学院 [主编]

南方日报出版社

NANFANG DAILY PRESS

·广州·

图书在版编目（CIP）数据

南方传媒研究·第五十八辑：南方报业2015年度记者/南方报业传媒集团 南方传媒学院主编．—广州：南方日报出版社，2016.2

ISBN 978-7-5491-1376-7

Ⅰ.①南… Ⅱ.①南… ②南… Ⅲ.①传播媒介－中国－文集②记者－新闻工作－中国－文集 Ⅳ.①G219.2-53

中国版本图书馆CIP数据核字（2016）第041173号

南方传媒研究

第五十八辑：南方报业2015年度记者

南方报业传媒集团 南方传媒学院 主编

出版发行　南方日报出版社
地　址　广州市广州大道中289号
电　话　（020）83000502
经　销　全国新华书店
印　刷　广州市怡升印刷有限公司
开　本　787mm×1092mm　1/16
印　张　14.125　彩插1.25
字　数　290千字
版　次　2016年2月第1版
印　次　2016年2月第1次印刷
定　价　28.00元

投稿电话：020-83003364　83004106
网址：http://www.nfmedia.com/cmzj

目录Contents
NO.58

专题「南方报业2015年度记者」

地 址 广州市广州大道中289号
电 话 020-83003364 87363753
传 真 020-83004106
邮政编码 510601
电子邮箱 nfcmyj@163.com
网 址
http://www.nfmedia.com/cmzj

南方报业
2015年度记者

李　培	李书龙	骆骁骅	殷剑锋
欧阳妍	刘龙飞	黄　怡	李　颖
商　西	王　佳	褚朝新	姚忆江
李　维	谭翊飞	刘海英	余　楠
魏　蔚	黄　昀	蒋梦瑶	王　野
潘莹瑜	陈泽然		

摄影：王辉等

希望在新的一年，能在新闻采写中“心手合一”，练就哲人大脑与匠人手艺。同时，能和部门小伙伴打造一个“10万+”的文艺类微信公号。
李培　南方日报
李培

用之则行，舍之则藏。
李书龙　南方日报

行远自迩，登高自卑。

骆骁骅　南方日报

希望新的一年，做更多的新闻精品，拿更多的新闻奖。
殷剑锋　南方日报

真诚付出，克己修身，自觉担当。

欧阳妍　南方网

2016，从“新”开始，
从“心”出发。
刘龙飞　《南方》杂志
刘龙飞

选择远方，风雨兼程。
黄怡　南方都市报
黄怡

相信作品会说话，
它承认你的努力。

李颖　南方都市报

新的一年，借用部门boss彭美的话，希望自己能不急不徐，自在舒展，安静生长。

商西　南方都市报

新一年希望有所提升，无论是在新闻业务上，还是在怎样做个好爸爸的问题上。

王佳　南方都市报

再静一些，好好做自己。

褚朝新　南方周末

在我眼里，南周·防务要成
为中国军事传媒界的标杆。
姚忆江　南方周末
姚忆江

勿忘初心，戒掉拖延，保持乐观。

李维　21世纪经济报道

做出高品质的报道，让纸媒上的内容成为精品和奢侈品。探索财经信息技术挖掘和市场需求的结合点，勇往直前，不要徘徊。

谭翊飞　21世纪经济报道

静下心，把事情做好，
等幸福来敲门！

刘海英　南方农村报

今年是我的本命之年，希望
这一年我能合理规划，协调
好体能和精力，在几件重要
事务上取得突破。
余楠　南方人物周刊

热爱生活，才能让工作更美好。
魏蔚　城市画报
魏蔚

做自己喜欢的事最幸福。

黄昀　南都周刊

黄佟佟

改掉拖延症吧。

蒋梦瑶　南都娱乐周刊

好好工作，好好养孩子，好好花钱。

潘莹瑜　奥一网

编者按

这是一个朝气蓬勃的群体。这是一群目标明确、意志坚定的党报集团新闻人。

经过民主推荐、部门研究、集团高层审定以及张榜公示，22名南方报业2015年度记者终于红火出炉。

这些“年度”中，既有从事媒体工作十余年，业绩骄人的老记者、老编辑，也有初出茅庐，声名鹊起的媒体新秀；既有身壮体健、铁脚马眼神仙肚的男儿，也有娇憨文弱、如邻家小妹的女孩。他们中，既有传统采编业务的尖子牛人，更有媒体融合转型的探索先锋。乍看他们都很平常，可是他们的行为不一般。他们把担当付诸每天的忙忙碌碌，将责任落实到每一个事件细节的求证核对和每一个字眼的斟酌推敲。他们忠诚守望家国、真诚关爱民生。他们敏于发现真善美、敢于鞭挞假恶丑。他们身体力行，诠释了公平正义和匠人精神，传承着南方情怀和报人风骨。在他们身上，挑战与创新、信念与担当，无不显示出“南方铁军”的激情与风采。他们是记者的标杆，他们无愧于优秀媒体人的代表。

敬礼，南方报业2015年度记者！

漫画　曹一

2015 年度记者

炼

李培

个人简历

燕赵人士，2000年本科考入暨大新闻系，2006年硕士毕业后进入南方日报文体新闻部。摩羯座和水瓶座的交界处出生，集前者的务实保守与后者的奇思于一身。十年党报文化记者工作，广东文化强省建设的记录者、见证人，凭秃笔一支，存时代注脚。希望能在今后的工作中“心手合一”，练就哲人大脑与匠人手艺。

2015年度记者 入选理由

“无论报纸未来如何，我都会留下来，做最后一个报人。”顺从长辈意愿去当了半年公务员的李培，2012年重新回到文体新闻部做一名文化记者，更拥有了一份笃定与坚持。因为他写岑仲勉，一生从不接受采访的中山大学学人姜伯勤在病榻上三次修改他的文章；因为他是唯一采访过刘其敏老人的记者，广州美术学院一定要等李培赶到才开始刘其敏先生的葬礼。李培让我们真切地感受到文化记者的工作就像修行，让我们懂得，一个优秀的文化记者，该如何不抛弃、不放弃，在琐碎庸常的日常生活中，用沉静对抗潮流、用行走淬炼思考、用坚守熔炼时间，留下一篇篇让人记住的文化新闻精品。

年度说 1

时间的炼金术

俄罗斯作家康·帕乌斯托夫斯基写过一个故事：退伍老兵沙梅沦落为巴黎街头的一个清洁工，为了兑现一个承诺——送给他昔日战友的女儿苏珊娜一个礼物，几十年间从首饰作坊扫出来的垃圾中，筛取着数以百万计的细沙微尘，把它们聚集起来，熔成合金，临死前制成一朵金蔷薇（谁要是拥有一朵金蔷薇，谁就会得到幸福）。

这个故事的名字叫《珍贵的尘土》。在帕乌斯托夫斯基看来："每一个刹那，每一个偶然投来的字眼和流盼，每一个深邃的或者戏谑的思想，人类心灵的每一个细微的跳动，同样，还有白杨的飞絮，或映在静夜水塘中的一点星光——都是金粉的微粒。"十年新闻写作，提笔落笔间，如果能从这珍贵的尘土中筛出金粉，便是时间给予的最大馈赠。

十年前跨进 289 号大院，我成为一名党报文化记者。十年里，我是文化强省建设"第一现场"的忠实记录者，也是岭南文化"再传播"的探寻者、发现者。我尝试用有温度的笔触和思想进行文化报道，在对广东历史文化新闻题材的挖掘上，讲好岭南故事。

展现时代的肌理

新闻易碎。今天的新闻，总会变成明天的历史。跑不过时间的记者终日码字，意义是什么？

部门领导陈志答我，可以是"新闻史官"。《左传》师旷引《尚书·夏书》称："每岁孟春，道人以木铎徇于路。"早在夏商周时期，就有像记者一样的人——"道人"，他们摇动木铎，到乡里路上去询问百姓关于国政的事。东汉许慎的《说文解字》中说："史，记事者也。"

所以记录，除了传布给在世的人，也是为了不被后世遗忘。民国的报业巨子史量才认为，报纸是"史家之别载，编年之一体"，他声称要把《申报》办成供后人借鉴的"史记"。

开平碉楼申遗、“南海Ⅰ号”整体打捞……我一次次切进广东文化强省建设的“第一现场”。为了捕捉到“南海Ⅰ号”打捞出水的第一时刻，我和摄影记者严亮提前住进了海上救捞船。在风雨飘摇的海上，他一个人潜到 20 多米的海底，只为拍摄古船出水前的照片。

为了引发思考，我采写了《“南海Ⅰ号”堪比海上敦煌？慎评！》一文，引发文博界不少讨论。一艘南宋古船的打捞出海，对于文物资源不算丰厚的广东来说，意味着什么？广东丰厚的水下考古资源，是否能展示出与北方文物大省不同的特色？

我试图超越简单的记录。

2008 年 5 月 12 日汶川地震时，时任机动部主任胡键指导我，可以前往灾区调查地震中受损文物。在都江堰、江油、绵阳，我记录下许多文物受损的现场细节。在四川震区的采访中，我偶然得知羌族小伙瓦尔泽布的故事。地震发生的 4 年前，在外漂泊打工近 10 年的瓦尔泽布回到家乡——理县木卡乡高山上的大流星村，发动和带领乡亲们抢修村子里日渐凋敝的羌寨碉楼。但地震发生时，他 4 年努力归零，苦心维护的羌寨碉楼被震毁。瓦尔泽布沮丧地告诉我，为了生存，他得离开家乡，回大城市打工去……

今天的新闻，总会变成明天的历史。比记录更重要的是如何超越易碎的时间。提笔落笔间，如果能从这珍贵的尘土中筛出金粉，便是时间给予的最大馈赠。

地震之后，像瓦尔泽布一样的年轻羌族人不得不离开家园。灾后的重建中，如果少了文化重建，或许伤痛不能真正愈合。我在《5000 年古老民族的劫难与重生》一文的采写中，展开了对一个宏大问题的思考。报道刊登不久，羌族文化遗产的保护问题开始得到国家层面的关注。

一个记者尤其是党报记者，应该做时代的瞭望者。他应该握有一把利斧，能精准地劈开事物的断面，去展现一个时代的纹路肌理。

寻找历史的温度

“一切历史都是当代史。”根据克罗齐的观点，历史应该是活着的历史。不仅人们的思想是当前的，历史也只存在于当前；没有当前的生命，就没有过去的历史可言。在这个意义上，以新闻治史，或许是记者能够超越俗常劳作的意义之所在。

作为一名省委机关报的文化记者，除了记录文化的“第一现场”，我

年度秀 2

作品名称：《赖少其：剑胆琴心木石魂，铁笔江山入梦来》

刊载媒体：《南方日报》

发表时间：2015年2月12日

作品影响：《世纪广东美术家》大型系列报道的收官之作，在对赖少其后人、学生数万字采访记录的基础上完成，挖掘了赖少其身上未被充分认知的价值。2015年是赖少其诞辰100周年，该文章集纳了美术史论界对赖少其的最新发现，呈现了一个大艺术家身上耐人寻味的细节和魅力。

百年双喜 特约 世纪广东美术家 A21

赖少其

铁笔江山入梦来

剑胆琴心木石魂

也试着“重述”历史，以期对岭南文化有更本质的把握。

2009年起，陈志带着我们这一帮“80后”记者，展开对岭南文化的“再发现”。从《岭南记忆》到《世纪广东学人》再到《世纪广东美术家》《百姓寻根》，我们希望跳脱对岭南文化笼统的表述、惯性的思考，对岭南文化有新的表述和理解。

我们首先回到历史中，寻找一个个真实的“人”。“世纪学人”里的历史学家岑仲勉、考古学家杨成志，“世纪美术家”里半个世纪前的野兽派画家赵兽、专注于表现苍生苦难的画家司徒乔，生前寂寥、死后无名。他们之中，有的至今没有一本人物传记，甚至连人物年表都没有被整理出来。斯人已逝，面对着仅有的零星素材和泛黄的著述，我要怎样才能接近他们？

我们力求回到历史现场。老照片里一副旧式学者打扮的岑仲勉，当年与陈寅恪同处中大历史系、同是研究中古史的名教授，还被称为“康乐园二老”，但二人为何鲜有学术交流？二人生前有过怎样的龃龉？

历史的空白处可堪玩味。我去找他的学生和学生的学生。原来岑仲勉身上有一股“弄斧一定要去班门”的书生意气，岑陈二人学术上也确实不少意见相左，所以来往甚少。但对于陈寅恪晚年的命运遭际，岑仲勉曾惋惜道：“寅恪兄亏于现状啊！”找到这样的细节才能见人、见性情。

曾经的先锋派艺术猛将赵兽，生前大部分作品不被人理解。该如何进入这样的人生，体会他的境遇？在他儿子的帮助下，我找到赵兽生前创作的三幅画——《渴望》《绝望》《老树乌鸦》，方知他以不同的心境分三次定格了同一棵老树、同一只乌鸦。我仿佛能看到一个踽踽独行的背影，是艺术让他迈过人生的寒冬。

2015年的《百姓寻根——我的祖先我的根》是对岭南文化的又一次再发现。在筹备过程中，我们了解到，上世纪90年代，中山大学人类学系教授黄淑娉曾主持完成“广东族群与区域文化研究”课题。黄淑娉通过大量的田野调查展开研究，我们也借鉴这样的方法去采访：新闻治史，记者也许可以像人类学家、历史学家一样做“田野调查”，扎根人群，搜集一手民间记忆。

以岭南苏氏的寻访为例。珠三角在围垦造田过程中，形成了一些规模庞大、实力雄厚的大家族，顺德碧江村苏氏就是一个代表。“士不必名世，要之贤良；农不必千钟，要之力本；商不必巨万，要之廉贾。”这是岭南苏家宦海沉浮后对子孙的告诫，其中蕴含了一份隐退保身的人生哲学。在常年扎根碧江的民间文化学者苏禹老先生的帮助下，这个古老家族的密码逐渐被解开：地缘上的偏远、经济上的富足，让他们看破功名尘土。

一炷心香洞开一片天地。在不

年度

秀

2

作品名称：《广府苏氏：勤耕苦读成望族，退让明礼塑家风》

刊载媒体：《南方日报》

发表时间：2015年8月12日

作品影响：年度策划《百姓寻根》中有代表性的一篇。在中山大学历史系教授的指引下，将目光投向广东历史上独特的宗族现象——明末清初珠三角围垦造田过程中形成了规模罕见的大家族。以顺德碧江苏氏为切口，在当地文化学者苏禹十余年研究的基础上，展开对这一姓氏家族的文化解密，受到广泛关注。

《百姓寻根——我的祖先我的根》 A18
勤耕苦读成望族
退让明礼塑家风

同侧面，我们一次次触摸岭南文化的肌理，寻找历史的温度。

投入此刻的人生

2009 年，阿来在获得华语文学传媒大奖时说："文学对我而言，具有更为深广的意义：她是我自我教育、自我提升的途径；是我从自我狭小的经验通往广大世界，进而融入世界的惟一方式。"十年记者，我又能否借由这一支笔，见小我、见大我、见社会、见人生?

凤凰卫视有一档新闻纪实节目——《冷暖人生》，里边有包罗万象的人生:有闪耀的，有微暗的，镜头都给予平等的关照。主持人陈晓楠说:"我不知道这（接触这么多与众不同的人），会不会使得你的内心更强大，有时候它可能还会使你变得更敏感、更脆弱，但都没关系，它始终让我觉得我是在特别鲜活地感知这个世界。"

2009 年底，我采访了广州美院的退休老教授刘其敏，那是老人首次接受采访，也是最后一次。他独居在破旧宿舍里，终身未娶，没有子女。墙壁斑驳，家徒四壁，与时下许多风光无限的画家大相径庭。但这个瘦弱的老人，数十年独自奔走珠三角建筑工地，创作出一张张精湛至极的素描作品。在美院里，这个老人以素描功力堪称一绝，但他从不炫技，也不取巧。他一辈子只画素描，没有改画能让他迅速成名的油画或水彩，默默无闻过完一生。

他默默燃烧了自己，也完成了自己，这让我想到毛姆笔下的高更："我必须画画，就像溺水的人必须挣扎。"满地都是六便士，他却抬头看见了月亮。正如我采访过的那些老手艺人，他们风烛残年，就像一盏盏微弱的火。他们一辈子坚守平凡，日复一日、年复一年，千锤百炼，点石成金。他们的执着和纯粹，是时间筛出的金粉。

传媒格局巨变，但对于一个以文字为生的人来说，至真、至诚、至善的手艺人之道，没变。

万古长空，一朝风月。如果你还在追问西西弗斯的石头何时消失，不如停下来投入此刻的人生。黑塞在《悉达多》中写道：投入当下的生活，即是真正的修行。这和浮士德最后的领悟惊人地相似："黑夜逼来，好像越来越深沉，可是心中却有光明……严守秩序，快速勤劳，就能获得最好的酬报；千手的运用存乎一心，最大的事业足能完成。"

（作者系南方日报文体新闻部副主任）

说
年度
3

“万能膏药”兼“救火队长”

郭珊

自从开设“珊珊来吃”微信公众号以后，一直有读者问我：吃过的最难忘的一餐饭是什么?

我记得那是在若干年前的一个傍晚，当时还在旧楼上班。那天，我结束了一整天职业化的凌乱奔逐，忍饥挨饿赶回报社刷稿子，刷得眼前满屏雪花点子。刷完之后，脑子里旋转着一条洒满金砂的彩虹，脚下虚软如同拌蒜，一头就栽在沙发上昏睡过去。

醒来已是晚上，办公室里悄无一人。饥饿感突然袭来，这时我发现台面上竟然有一份白切鸡盒饭。顾不上多想，立即风卷残云，落肚为安。

后来才知道，那个不声不响施我一饭之恩的人，就是坐在我前面的李培。

一转眼，搬到新楼，我们仍然“比邻而居”，我得以目睹他从当初文体部的实习生到跨入职场成为新鲜人，从独当一面、深耕细作的文化记者，一步步成长为运筹帷幄的项目领头人，本部门的“万能膏药”兼“救火队长”。从《岭南记忆》《世纪广东学人》《世纪广东美术家》，到“活力非遗年度致敬人物”，再到2015年的“百姓寻根”，他一次又一次让我们看到，为了让那些在故纸角落里蒙尘的寂寞学人重新“发声”，让鲜为人知的历史片段于岁月的淘洗中再次“显影”，从易碎的新闻报道中发掘出永恒的价值，他是如何笃行“板凳坐得十年冷，文章不写一句空”的精神，努力成为一个眼光独到、腹有诗书又甘于淡泊的技术派新闻“手艺人”。

每次采写一篇专题报道，为了采访更多的信源、占有更多的材料，他总是借回一大摞文史材料，做足案头工作，然后在采访上做到“竭泽而渔”“兼听则明”，写下那些飘散着书卷气、文化味和感染力的好文章。例如，他在撰写历史学家岑仲勉和人类学家杨成志的小传时，在没有人物传记、甚至连人物年表都没有被整理出来、留下的学术成果也晦涩难懂的情况下，排除万难“顶硬上”，将还原两位学术先贤风采的过程，变成了一

@ **蒲荔子：**聪明的人很多，聪明又勤奋的人也不少，但聪明、勤奋且靠谱的人，可能更少一点。我认识的李培，当属其一。他的稿件，是编辑最喜欢的那种稿件：资料详实，采访扎实；论述得当，文采斐然。这种令人信任的感觉，来自一件件小事、一个个细节带给人的印象的累积。对每篇稿件，他都尽可能搜集更多的资料、采访更多的人，经常一篇两千字的稿子初稿写出来有两万字，然后他再在此基础上取其精华。这种对万事认真的态度，背后我想其实是对自己的不满足和对世界的好奇。

份“侦破”历史的过程。这份敬业、认真、锲而不舍的品质时常令我汗颜。

李培的才华人所共见，但他本人却从不以“才华”自居，而是持之以恒地把自己的才干投注到琐屑繁忙的日常工作中。我始终认为，普天之大，各行各业的才子多如过江之鲫，但其本来面目、为人处世让人觉得可亲、可信、可喜的，其实远比所谓的“天才”要可贵得多，也稀缺得多。在我看来，一个人最难得的是既具备过硬的一技之长，又具有柔软的人情味。“谦谦君子，卑以自牧”，而他正是这样一个人。

我俩不仅是多年的同事，还是猫友。他爱猫，甘为“猫奴”，宠爱的程度衬得我家的猫儿顿时活在水深火热之中；他很能开得起玩笑，经常在办公室里爆一口“惊天地、泣鬼神”的保定腔粤语，逗得大家笑到喷饭，这么多年虽无长进亦不以为意；他热心体贴，为劳模周豫的疲累心疼，也为身边朋友的种种遭遇而动容，为单身同事的情感问题秒变“男妇女主任”，也时常替某些犯错误的实习生开脱辩解。

记得我获选年度记者时，他说我是“风一样的女子”，那他在我眼中就是“水一样的男子”：有水的灵动、活跃，也有水的包容和温润。作为一个“摩羯水瓶座”，“暖男”和“深井冰”的气质在他身上实现了奇迹般的融合。顺便说一句，当初他说“我家菜单上最简单的一道菜是剁椒鱼头”，这是胡扯，事实上他自己的厨艺也相当不赖，不信可以去问他老婆。

台湾中台禅寺原住持惟觉和尚有四句箴言：“对上以敬，对下以慈，对人以和，对事以真。”“敬、慈、和、真”这四个字，我愿向李培学习，与他共勉。能和这样的人共事，是我的幸运。在这里，我想为他带给我的那盒白切鸡饭，以及这些年来他给予我的点滴关怀、帮助和启发，由衷地说一声：谢谢！

（作者系南方日报文体新闻部副主任）

张东明点评

既仰望星空，又脚踏实地。李培就是这样一个实在的人。他所追求的“匠人手艺、哲人思维”目标，不可谓不高，但是并非不可企及。文化报道向来是“冷线”，要做出轰动新闻、成就一代“名记”，难度不小。然而，李培硬是以其执着、勤奋、坚韧和聪明，胸怀岭南，穿梭千年，把《南方日报》的文化报道做得风生水起、气势磅礴，做得地方特色突出、文化兴味盎然，做得庙堂江湖，好评一片。好个李培，轻柔地给“文记难做”这一铁律拍了下脸颊，在才人堆中，冒了个尖！

2015 年度记者

执

李书龙

个人简历

1985年生，南方日报记者。2009年毕业于武大新闻系，骨子里仍然是华科男。少读李鸿章，艳羡“一万年来谁著史，三千里外欲封侯”。今而立之年，唯记“青眼时邀名士赏，赤心聊为故人酬”。

2015年度记者 入选理由

这年头，做个记者已属不易，做一个好记者更不容易，而能做一个有理想有责任的好记者，已属凤毛麟角！经历东莞的多年磨炼，人称“龙局”（因为经常召集大家喝下午茶）的书龙已经属于记者中的“珍稀物种”：有理想又不愤青，重文笔更重思想，既能沉于江湖又能仰望星空！更为关键的是，他无论遇到什么困难，从不气馁，一直怀着满腔的热情，一直走下去！咱们南方需要这种执着！新闻需要这种执着！

年度说 1

光阴的故事

话说还算上进的深度报道记者，大多会挖空心思想写一个牛逼闪闪的开头。然而当文章的主角变成自己时，这种苦逼的职业习惯难免左右掣肘，写得煞有其事，显得莫名矫情。

作为一个科班出身的记者，我在2009进入南方报业时，曾看着纸上的“年度记者”，露出羡慕和想往的神情。而当我果真有此荣幸忝居其列时，心中却是惭愧二字。为了写这篇自述，我翻出早些年的年度记者特刊。对比前辈们的意气风发挥斥方遒，我深知以己身2015年的表现，着实与其尚有距离。

在传统媒体大变局的当下，激动与沉淀、转型与迷茫，总是并轨而行。而对当下不自足，也许并非不是一个好的心态——至少说明对未来还有期待。而往往站在某些节点回望过去，其实也并非当初以为的那般蹉跎不堪。

就像我在武汉的东湖边读书时，总想飞出那个“满城挖”的大工地，等到离开了，又总是怀念梧桐树下风吹蝉鸣的日子；我在东莞的马路上晃荡时，总担心斜刺里窜出一个黑衣小贼，等到离开了，才发现最后的青春献给了激情的东莞；而此时我在广州的冬夜里敲下这些文字，总是不甘黄金年代正在指缝溜走；等到若干年后，我想心中仍会是欣慰与温暖，就像我如此看待在南方的这七年。

扎根基层，记录改革发展

我在南方日报的第一站，大概是全报社最基层最一线的记者站。

2009年的深夏，我被报社分至东莞驻站，随即被安排到东莞东部驻镇。依照站里惯例，新人要到二级站锻炼至少一年。

一个站长、两个记者，每周完成四个版的镇区周刊，这是我从业之初的日常工作。当时揣着一股新鲜劲，想在相对自由的版面搞搞新意思，然而“自由”的另一层意思，大约就是“看的人也少”。我和同居的同事曾德军不甘心每周熬次通宵却像是自娱自乐，于是干脆两人互相评报，相互打气。

东莞其实是一个“新闻富矿”，尽管它常常被外界误解和污名化，但作为改革开放后迅速崛起的先锋城市，东莞的经济发展模式、特殊的社会人文结构以及蹒跚的城镇化转型，放置于当前中国的背景下，都是饶有意味的研究样本。2011 年初，东莞站成立主抓深度报道的机动组，同事刘进拉我“入伙”，而我真正在新闻业务上有所精进、在区域观察上有所琢磨，从此时算是正式开始。

彼时记者站的氛围十分融洽，主抓新闻的领导对于机动组更是青睐有加。机动组虽不跑线，在选题上不受限制，于我是一个难得的工作环境。其后几年，机动组关注的题材紧系本土化，并涉及各个领域。我们从东莞的“用工荒”写到“用电荒”，从艰难的产业转型写到被误解的农村经济，从“遗失的美好”写到“被文艺”的下坝坊，从车陷东莞城写到童工之殇，从大火中的命运共同体写到风暴眼中的一座城市一群人。

当你真正深入一座城市，你的报道有可能让城市变得更美好。无论是讲故事还是做研究，无论是新媒体还是旧圈子，专注的手艺人终究还能留下些不被时间轻易湮没的文字。

坦白讲，那时也会羡慕拥有更大平台的同事和同行，即如我如今所在的机动部，从国内外重大突发到舆论监督报道，亦是重磅题材接连不断。

而在当时的东莞，我们所想和所能掌控的，便也只能是潜心扎根基层，从底层视角来观摩和记录东莞乃至珠三角的改革发展，用心写好每一篇报道，讲好每一个故事。我当时仍然相信，新闻人与其所处的城市可以更亲密，当你真正深入一座城市，你的报道有可能让城市变得更美好，即便这种变化只是局部和细微的。我给自己定下标准：每个月至少有一篇报道能够“留得住”，而不是“易碎品”。尽管当年的稿酬并不算高，不少稿件最终湮没无闻，但我愿意相信的是：功不唐捐。

如今回头来看，我想南方日报东莞站机动组的一些报道，对于所驻守的这座城市的真实影响是存在的。关于年票制纠纷长达三年的持续报道，导致东莞取消了年票与年审挂钩的违法行为；关于工商登记改革试点的监督报道，在一定程度上促使东莞加大了改革力度，优化了业务流程；在龙卷风加冰雹灾害、中堂六日大火等本土罕见的突发事件中，我们的特稿作品也算对得起这座城市的历史时刻。

在 2011 年被时任省主要领导长篇批示的坤叔助学团队的报道，算是那些时日最被记得的作品。在当时加强社会建设的大势之下，由东莞观察的一篇深读起步，南方日报的一组系列报道，直接促动了广东社会组织领

年度秀 2

作品名称：《淡水河清清几许 跨界治污活水来》

刊载媒体：《南方日报》

发表时间：2015 年 9 月

作品影响：《南方日报》大型系列报道“跨界治水 AB 面”开篇之作。作为省级层面最先统筹推进治污的跨界河流，淡水河的挣扎是一个饶有意味的样本，其折射出广东在经济发展与环境治理之间的博弈与制衡。报道“A 面”总结淡水河流域打造省市区三级协同治理网络的示范经验，“B 面”通过深惠“插花地”的污水史凸显深层次跨界治理之难。此次系列报道将人大监督与媒体监督创新结合，引发强烈社会反响，并得到相关省领导高度肯定。

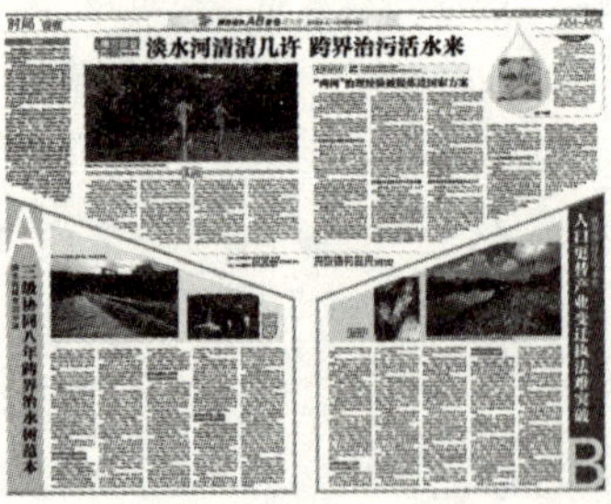
淡水河清清几许 跨界治污活水来

域的管理改革。而对于我们而言，这不过是机缘巧合下的意外之喜，也或是对于坚守的另一种回报。坤叔在那一年成为广东省十大新闻人物，并在广东社会组织改革上留下印记，然而这些并不如连续三年跟随坤叔去往湖南凤凰助学对我的冲击。而我如今对于新闻业仍有不甘，或多或少也是因为我希望还有类似的故事能够被我经历。

为了留下不被时间轻易湮没的文字

2013 年末，我告别东莞记者站，来到机动记者部。这是一个在近些年南方日报的新闻轨迹上留有显赫记号的“尖兵部队”，从其四大业务板块（突发、调查、内参、舆情）中涌现的优秀作品，在这些年里均是南方日报年度大奖之选。

在媒体转型的新形势下，机动部也在经历一个“爬坡越坎”的转型期。在部门的新闻产品上，开始从大开大合式的批评报道，转向建设性的调查报道、问题研究性的内参与舆情。这对一个党报记者提出的要求是，既需要在开阔的视野格局上扎根基层，又需要在精进的业务基础上研究问题，而迅速出动、战之能胜的传统优势也不能丢。

然而诚恳地讲，在媒体与部门的双重转型之下，我的焦虑感要比成就感更多。

在东莞的四年积累固然是难得的基层经验，但也容易局限思维。而要去研究问题、谋划全局，就要从特定区域的观察中跳出来，将视野放到全省乃至更开阔的战略格局上；又要能真正沉得下去，而非在某地走马观花就洋洋洒洒挥出长篇报道；而业务上的严苛要求，实际上更需要耐得住寂寞、守得住分寸的冷静心态——桩桩都非易事。

2015年，我先后参与调研清远农村综合改革与惠州基本公共服务均等化改革，两者皆是当前省内堪具全国意义的改革样本，于我而言，这亦是近距离观摩地方改革和开拓思维格局的两次实操。两者最终取得不错的新闻呈现与传播效果，亦为两项重大改革刻印了媒体注脚，然而我也深知我们的工作也不是尽善尽美，我个人的视野和格局仍须更加开阔。

更深的焦虑在于，我终究希望成为一个讲故事的人，而在很长一段时间里，我似乎并没有真正讲好一些故事，所谓的宏大叙事情怀踟蹰，有时不过是应景之作，勉力为之。而时间久了，恐怕连信念都有些模糊。我在入行之初看到同事的特稿文集，心想这大概就是我的职业标杆，那些10多年前的文字作品放在如今仍不失一丝光芒。然而时代在变，传媒环境在变，更加讨巧的文本形式不断出现，于是我有时怀疑，自己功力尚未精进，而传

年度秀 2

作品名称：《清远农村综合改革试点启示录》

刊载媒体：《南方日报》

发表时间：2015年4月

作品影响：报道全面反映了清远农村综合改革的内生逻辑和创新探索，提炼出乡村治理体系和综合改革路径的示范经验，获《南方日报》2015年度通讯和深度报道奖。在整个2015年，清远农综改成为国内农村改革的典型样本和热门话题，其经验被写入国家层面的农村综合改革方案之中。

清远农村综合改革试点启示录

推进农村土地资源、涉农财政资金和涉农服务平台"三个整合"

资源重组释放农村经济活力

●南方日报记者 孙国英 李书龙 梁有华 龙跃梅 发自清远

夕阳映红了山谷下连片的稻田，习习凉风从英德市新城村的宽敞村道吹过，绵延的道路两侧，一边是灰墙彩瓦的整齐村舍，一边是即将规模化经营的百亩良田。

就在不久前，挖掘机和推土机驶入新城村的田间沟壑，将一块块高低杂乱的水田，平整成连片开阔地。原先被不少村民丢荒的细碎小块田地，在村民的同意下，将由村里集中整合，为下一步农业产业化经营做好准备。

在清远市，通过农村土地整合来解决土地细碎化问题，已成为当地突破农村经济发展瓶颈的革新之举。2014年以来，在开展乡村治理模式变革、提升农村组织化水平的基础上，清远探索推进农村土地资源、涉农财政资金和涉农服务平台"三个整合"，重组农村资源要素，促进农业适度规模经营，提高农业生产效益和农村发展水平。

田地细碎化制约农业产出率

是在重新调整后的连片水田上种植经济作物，还是以土地入股一家专业合作社，等着年底拿分红？新城村村民曾凡勇和他的乡亲们正面临这个新的"烦恼"。

以前，曾凡勇家有4亩农田，分散在6个地方，有的在村口大路边，有的在村尾山脚下，每天光是往返耕作，就得在路上耗掉1个小时。

田地细碎化，一度是新城村村民多年来的共同困扰。在早年间，新城村集体将田地按照"肥瘦搭配"分给各户，村里每户拥有几块甚至十几块分散的田地。下转A13版▶

统的“手艺人”是不是已经要过时了?

2015年秋，南方日报推出大型系列报道“跨界治水AB面”，我在熟悉的珠三角地界重走了淡水河和石马河。而在此6年前，正是机动部牵头推出同类系列“广东江河水”。我翻看当年的报道，前辈记者沿江调查之扎实、问题研究之深入、文章铺陈之严谨，令同类题材的报道在此后多年都相形见绌。在我采写此次系列报道首篇时，念兹在兹的正是这些前辈的示范。而这一次，我的焦虑略有释怀。我想，不论是讲故事还是做研究，不论是新媒体还是旧圈子，专注的手艺人终究还能留下不被时间轻易湮没的文字。

不改初心，希冀未来

不久前，部门一位年轻同事与我聊起人生“悖论”。他认为人的完满状态终不可得，以此时的心态，以为到得如何境地便是人生完满，而在通往目标的路上，人的心态要不断向环境调整或妥协，因此即便到了彼时的境地，人也已经变了。他于是问我，在南方日报这些年，有没被环境改变最初的心态。我仔细想了想，似乎真的没有太大变化。

面对职业处境和际遇，我也时有彷徨与煎熬。然而我大约还算是乐观之人，即便在极糟糕的境地，我的心理建设也一贯是：等越过了这道坎，回头看不过是一马平川。每当想要放弃之时，我总告诫自己：要走也要昂着头不留遗憾，不能灰溜溜地逃离。而经验证明，往往越是艰难的境地，就越是难得的历练。而想要的内心强大与通达，也只能由此而来。

因此，我对于过往总是心存感激。没有在东莞的固守，我很难近距离观摩一座先锋城市的砥砺前行，见识社会底层的光怪陆离；没有在广州的际遇，我也很难将思维和眼界跳出岭南一隅，触摸到传媒业的更多可能性。

让我对未来仍然有所期冀的，也有过往的不甘。2009年末，我意外闯入一个“代耕农黑户村”，200多名代耕农全无户籍，在东莞蜗居30余年。那次离开时，一个读六年级的小女孩怯怯问我:“还有机会读初中吗?”彼时我是见习新人，对未来信心满怀。六年之后，我回访，小女孩早已辍学，靠着假身份证混进了工厂，她每天站在流水线上，总觉得这不是她读书时想要的生活。

流逝的光阴里，还有更多这样的故事未完待续。你可以视而不见，但它就在那里；而你有幸参与其间，又终究难以释怀。

（作者系南方日报机动记者部深度工作室副主任）

说
年度
3

文人如一李书龙

刘进

7年前，当时我还在东莞驻站。应该是8月中旬的某一天，站里传出消息，这一年将会再来两个新人。虽然是每年的例牌，但这样的事情总会引起一番小骚动。特别是，对于一帮多年苦等有美女“空降”的男记者们而言。然而，现实是残酷的，来的依然是两个男的。自2005年总部开始下派驻站记者算起，东莞已有10人前来报到，其中女孩子仅一个，而且不到两年便另谋高就。所以，当书龙出现在众人面前时，那种画面凌乱感以及大家的失落之情可想而知。

当然，这只是个真实的笑话。

路遥知马力，日久见人心。时间，通常被认为是检验人心人品的最好标尺。可是，有一种人，“相契默无言，远役喜一晤”，见一面就基本能知根知底。书龙，便是这样的人。

他小我三岁，个性与我则颇为投合，算来又是同校师兄弟，因此甫一见面已有种故人重逢之感。然而，他与我都不是话多的人，平常言语交流也不多。加上入站不久，他便被下派《东部视窗》。所以，彼此打照面的机会基本都是在报纸上。只是每次在记者站的周例会上，在他中气十足的评报声里，总能听出一些让人记得住的观点。

很快，在众人沉默之中，他凭借一篇“代耕农黑户村”的稿子，又让站里骚动了一把。这一次，大家都在心里重新认识了这个“小鲜肉”。只可惜《东部视窗》在坎坷中夭折，这篇稿件也成了其黯淡命运里最明亮的一点记忆。

2010年底，东莞站重新调整战略布局。剪枝强干后，《东部视窗》被“深读版”和“周记版”取而代之，而为两个新版承担主要采写任务的，正是由书龙和我等3人组成的机动组。

于是，整个2011年，我们基本上都在一起并肩作战。有一阵，甚至有种打了鸡血的感觉。书龙的私家车，几乎成了我们的采访车。他在工作

@**聪苗苗方程式**：李书龙，星座命盘里太阳月亮上升都在处女座，但婆妈反复的“天性”却没有落于他的文字上。他的文字鲜有浮夸，扎实工整，读之细腻而不厌其烦，略见古风。不认识他的人以为侠客文胆，熟识者了然风流骚年，舞文弄墨之余，司管兄弟茶聚，放耳海纳吐槽，偶发毒舌封喉，一针见血。不过瘾者遂喊：龙菊，饭否。

上的投入与执着，也在无形中感染着我。而更令人为之折服的是，他从选题策划、采访执行到写稿成作，都表现出了一名新记者少有的成熟与扎实。事实上，当时他入职不过才一年多。那一年，从“坤叔团队转正”“年票制争议”到“遗失的美好”，一个又一个采访、一篇又一篇报道，几乎每次都能赢得多方好评。就拿那篇让他一战成名的“坤叔团队转正”报道来说，正是因为他敏锐却不失冷静，才细致地体察并描绘出了老人的精神世界与物质化的现实之间，在政策和社会情境上的双重反差。让一个个案化的报道，最终影响了一场社会建设的大改革。虽然这个结果，在当时多少有些出人意料。

那一年的最后一天，记者站众同事一起聚餐。酒过三巡后，大家三五成群凑在一起，有的忆昨日叹今朝，有的伤春悲秋。借着酒劲，说到动情处，座中已有数人泪湿眼眶，甚至有号啕大哭者。席间，书龙端着酒杯来与我叙话。不胜酒力的我，脑力其实早已在九霄云外。但他那句“今年总算干了几件有意义的事”和说完便倒头一栽趴睡在地上的场景，让我记忆犹新。

“做点有意义的事”，最终成了此后每年我们相互审视时，聊得最多的一个话题。每一次的讨论，因主观心境、客观得失不同，我常常难免心有旁骛，而他态度始终坚定且行动专注如一。

其实，干记者这一行，写文章是安身立命之本。可是，摸爬滚打几年后，激情的消磨已是不言而喻，而个性中原本温厚的一面往往也会遭到现实的蚕食。于是，随波逐流者居多。人一旦变得圆滑世故，反映在文字上，便流露不出真性情。在这方面，书龙却始终保持着文人如一。

都说文如其人。如果仅以外形而观，起初人们可能会有一种视觉上的违和感。读过他的文字的人，无不为其游走在字里行间那些行云流水式的细腻而叹服，他对于细节的拿捏处理有着匠人般的娴熟，以至于第一次见到他的人都很难相信，那一切竟是出自这个稍显壮实的身体。但只要与他相处几次，见过他的为人处事，又很容易就找到那个潜藏在他的外形表层之下那个诚朴的个性基因。

又说人如其名。书龙的名字中有个“书”字，而他对传统文化有着不加掩饰的偏爱。所以，在他捉刀完成的关于“传统文化”诸多报道中，隐约都能嗅出一股书卷的墨香。

尘世如潮人如水，一入江湖岁月催。文人如一，经年不易，仅此一点，书龙已足以使众人佩服。

（作者系南方日报机动记者部记者）

张东明点评

立志做党报调查和谋策地方改革的研究型记者，追求报道具有更强的传播力和更大的正能量——看得出来吧，李书龙对自己要求蛮高的。不愿做个庸庸碌碌、填充版面的撰稿人，只想如何让自己调研的报道产生良好的社会效果，成天心中装着社会与民生问题、想着怎样有效地建言献策，这就是记者的担当！

2015 年度记者

灵

骆骁骅

个人简历

浙江嘉兴人，毕业于南京大学新闻传播学院。托名字的福，能力不大，“名气”不小，人送外号“三马”，所谓因缘际会皆由“名”起，生来劳碌奔波命的我常有“马不停蹄的忧伤”，幸而信奉一套“知其无可奈何而安之若命”的人生哲学，所以不断自省：埋头新闻赶路，别忘了留一份心情欣赏沿途的风景。

入选理由

自2012年入职报社以来，从一名刚入门的年轻记者快速成长为政治成熟、业务能力强的部门骨干。他是一匹悍马：敢啃“硬骨头”，主动担纲大型通讯采写；他是一匹老马：善打“攻坚战”，重大题材报道勇于突破、力求创新；他是一匹灵马：巧耕“责任田”，大力深耕主业，线条经营有亮点、有突破；他是一匹快马：转型“排头兵”，积极投身集团转型融合大潮，不断磨炼全媒体生产能力。

年度
说
1

知难而上是唯一选择

年度记者于我而言，是名过其实。这是一份赞誉大于才华的厚礼。按照经典的感谢桥段，我需要感谢 XX、XX、XXX 和 XXX 等等，不胜枚举。入社 4 年，在这幕刚拉开不久的职业剧里，我也要感谢那些曾与我演过“对手戏”的男神女神们，正是他们包容“演技”颇烂的我，才能支撑我依然在这个舞台扮演好自己的角色。如今能够踏上阶段性小平台，再有机会登高探幽，对于我这样一颗初窥新闻门径、仍无籍籍名，庸散懒浮陋习难涤的“顽石”来说，将会把领导同事与朋友们的一路加持帮衬按下心底，把这份荣誉看作是一种鞭策，砥砺自己继续在新闻路上踏石有印、抓铁留痕。

作为一名道行尚浅的时政记者，4 年摔打，也渐悟：在党报做时政报道难，做好更难，做上段位层次更是难上加难。合格的党报时政记者，舆论环境越是纷繁复杂，在新闻实践中就越要树立正确的政治方向，锐意创新表达能力。特别是对于一名长年批量生产通稿的记者，在陷入了习惯于生产特供产品的业务疲态之后，如何在确保政治敏锐性和政治鉴别力的同时，挣脱藩篱，生产一些不落窠臼又不肆意极欲的畅销品，成为我的困思。每念及此，颇有一种在“螺蛳壳里做道场”的逼仄空间感扑面而来。

多一分则淫，少一分则平。时政报道，其中的机巧与功夫，恰似微雕，考验的是下刀的深浅、劲道、角度。

随舰 16 天，采访中俄海军联合演习

2015 年 8 月 20 日—28 日，中俄两国海军在日本海举行联合演习，这是海军史上首次集齐三大舰队主力战舰赴境外军演。南方日报首次受到海军政治部邀请参与报道，而我则有幸代表报社，随舰进行全程跟踪采访。

从8月15日青岛离港到9月2日舟山靠港，除了其中3天停泊海参崴外，有整整16天在海上漂摇，航程算下来超过2000海里（近4000公里）。我是14日中午抵达的青岛军港，与北京日报、深圳卫视和腾讯网共5名地方媒体记者被分配到东海舰队的泰州舰（138号）上。

在军事报道上，这次集体采访活动也创下了诸多第一：海军历史上首次境外行动的大型新闻报道，也是各舰接收最多新闻记者的随舰行动，更是舰艇开放采访程度最高的一次。

这也带来了演习报道如何切入的难题，因为军事装备与军事行动历来属于国家高度机密。一到舰上，我与几位媒体同行都不约而同产生困惑：如何在确保不泄密和确保导向正确的前提下，把报道做出彩，最大程度地呈现军演的正面积极意义？对于我们这些地方媒体记者而言，确实存在经验与能力上的短板，大家多少有些畏难情绪。

在党报做时政报道，做巧做好难，做上段位层次更难。其中的机巧与功夫，恰似微雕，考验的是下刀的深浅、劲道、角度。

为克服这一不足，我与其他几名媒体同行不仅主动询问，还积极参与海政宣传部的保密纪律与宣传纪律的教育。鉴于军事装备和技能的专业性，协商之后，所有的稿件统一经过三审制才可刊发：第一道是采访战位的初步把关，第二道是舰艇领导的二次审核，第三道则是海军政治部的最终审定。

按照“彰显力量威慑，不渲染区域形势，保持适度神秘感”的总体要求，在随后的军演报道中，我注意不过度过细描述军演场面，而是坚持以我为主，着眼于演习内容本身，既不涉及美国亚太再平衡战略，也不与日本修宪勾连，不涉及南海岛礁与钓鱼岛斗争态势，这使得笔墨投放精准，免做了不少无用功，也让后期的稿件审核十分顺畅。

138号舰是最早一批从俄罗斯引进的现代级导弹驱逐舰。与国产舰艇不同的是，俄系战舰的特点是突出战斗性，因此舰艇设计优先考量武器装备，这使得生活设施的舒适性较为差劲：两人一间的军官住舱是一个3平米的狭长形空间，还要融下高低床、两写字台、书柜、衣柜和洗漱台，过道仅容一人勉强通过。因为条件艰苦，这艘舰是编队中唯一没有女兵、也没能迎来女记者的战舰。

最让记者们纠结的是如何把稿传回家。军舰离港1小时后手机信号便荡然无存，只能依靠海事卫星，仅仅是几十KB的稿件，发送也要花上好几分钟。

年度
秀
2

作品名称：《勇做发展中国特色社会主义排头兵》

刊载媒体：《南方日报》

发表时间：2015年12月7日

作品影响：《勇做发展中国特色社会主义排头兵》紧扣中央路线方针政策，紧密结合广东发展实际，站在改革与发展的全局高度，取材于广东丰富的改革实践，用例经典、旁征博引、论证严密、情理并茂，生动反映了时代发展风貌，被新华社和省内多家报刊转载选用。

南方日報
7
习近平同南非总统祖马共同主持中非合作论坛约翰内斯堡峰会全体会
中非提升为全面战略合作伙伴关系
习近平结束访问返京
勇做发展中国特色社会主义排头兵
——写在习近平总书记考察广东三周年之际

通过海事卫星传稿必须在开阔地带，而这只有在甲板上才能实现。纸媒的记者由于稿件图片传输量小，相对轻松，但也要花上半小时；悲催的是电视记者，在甲板上一坐就是不下4小时，边传视频边看海，常常从“天朗气清”看到“斜阳西下”再到“夜黑风高”。

虽然已经做好了晕船呕吐的心理准备，但一路的航行却出奇平稳。浪高始终在2—2.5米之间，这在水兵眼里可谓风平浪静。海况的“平静”甚至还让一些习惯摇摆的老兵产生了吃不下饭、睡不着觉的问题。

饶是如此，一些记者还是出现了晕船的状况。编队行至日本海靠近俄罗斯领海的时候，海况开始逐渐恶劣，水线以下的浪涌不断地推动舰艇左右摇摆，一时间倾斜幅度达到5度。

随舰的记者都出现了头晕、恶心的情况，但大家都有些兴奋，期待看到第一个扛不住呕吐的人。大家都以为我是会最先“表演”的人，因为看起来脸色最白，好像体质最虚弱，甚至有水兵特地过来给我做防晕个别指导，这让我压力山大。

一般而言，处于船体前后两端的舱位摇摆幅度较大，我所在的住舱便靠近舰首，同舱的北京日报G君首先显现出了扛不住的迹象，他不得不躺在床上，这一趟便是整整一夜。

第二天一早，采访还得继续，

G君只得从床上爬起。当天的采访是液货补给，位于前甲板，属于前后摇摆最剧烈的地方。

那是一个艳阳天，风呼呼地吹让人站不住脚，阳光灿烂照得人睁不开眼。G君与深圳卫视的W君一上甲板便告歇菜，一屁股坐在主炮旁不能动弹。没过几分钟，两人便不见踪影。一问才得知，是潜进舱内吐去了。

于是甲板上只剩下我与深圳卫视的Z君，落单的Z君无法独自完成出镜，我就客串了一把电视记者，拿着话筒、扛着摄像机在舰上奔来走去……

回到住舱，见吐后的G君气色已大为好转，他边打包行李边呼“吃不消”。一会儿，他逃往较为平稳的中段舱位。

时局 政情 A04

中俄海上军演拉开帷幕

中方参演舰艇抵达俄军港，南方日报记者随舰直击

重头戏：海上演练24日登场

珠西装备制造领域推进智能化和协同制造，加快推动融合性新兴产业成经济发展新动力

“互联网+协同制造”颠覆传统模式

年度秀 2

作品名称：“海上联合-2015(Ⅱ)”中俄海上联演系列报道

刊载媒体：《南方日报》

发表时间：2015年8月16至8月29日

作品影响：作为华南唯一一名纸媒记者，跟随海军驱逐舰参与对“海上联合-2015(Ⅱ)”中俄海上联演的全程报道，在前后长达14天的时间里，克服演习强度大、海况复杂、信号不稳定等种种困难，与舰艇官兵同吃同住同生活，发出深度报道十多篇，图片数十张，达到了很好的传播效果，不仅受到海军政治部宣传部特别致信感谢与肯定，而且受到广大读者特别是军事迷的追捧。这也是《南方日报》历史上首次如此长时间、大规模报道我军重要使命任务，为地方媒体利用独特视角，发挥自身优势，积极参与重大军事报道提供了有益经验，受到了省委宣传部阅评好评。

G 君就这样遁走了。在此后很长的时间里，我享受了舰领导的待遇——一人独享单间。

采访“习马会”，综合素质受检验

去年 11 月 7 日的“习马会”对我这名多年跑台办条口与两岸新闻的记者而言，无疑是一只新闻“大螃蟹”。

与其他条口新闻不同，对台宣传工作是一项政策性、全局性、技巧性很强的政治任务，特别是在管理上具有很强的垂直性，所有报道，一方面要紧紧围绕中央对台大政方针政策，服务于中央关于对台工作重心调整以及新理念、新思想、新论断的提出；另一方面，作为省委机关报，也要围绕省委省政府工作大局与对台工作的系列部署来谋划涉台报道。可以说，要更为突出地强调口径一致、策略一致、步调一致和行动一致。

“习马会”报道的要求则更为严苛。首先到来的时机实在是出人意料，石破天惊的消息在 3 日晚突袭而来，这确实是吹醒了这两年来已经沉闷良久的两岸关系“一池静水”。消息首先从台湾媒体上传出，3 日深夜 11 时许，我首先收到来自台湾中时的快讯，由于缺乏国台办的证实，从中央媒体到地方媒体，包括已经在台湾成功驻点大陆媒体的条口记者，许多人第一时间都以为是一条“假消息”，怀疑是否是马英九对岛内选情以及大陆的试探。

但记者间的争论，随着 4 日早新华社关于国台办主任张志军发布会面消息的一则通稿，而很快止纷定息，却也完全打乱了各媒体涉台重大报道的节奏。

此前，两岸关系重大节点性事件的新闻发布遵循着一定的规律。它必定是经由两岸沟通协商机制长时间的酝酿、磋商、调整，其间会有持续不断的信息曝光，各媒体也是在此期间做了充分的信息采集、整理、汇集，人员、资源调配等准备工作，最后的新闻呈现，其中大量的素材常常是之前长时间的积累。比如两岸事务主管部门负责人首次会面——“张王会”，此前便有数次暗示性及预告性消息传出，包括在张王两人在印尼 APEC 会议期间“偶遇”，并互称官衔，以及国台办后来正式的会面发布，都给予了媒体充足的准备时间。

但这次突袭却打了各大媒体一个措手不及，既有的涉台新闻操作流程已经赶不上，也不可能有充裕的时间制定详尽有效的报道预案。这着实是一次对媒体紧急动员能力与涉台报道经验储备的考验。

由于是涉及最高领导人的会晤，按照既有的经验，地方媒体一般不会参与一线报道。但基于后方解读依然可行的基本判断，4日一早，我们第一时间搜索汇集了来自各方的资料，并采访了数名两岸专家进行解读，这在之后被证明是有预见性的。不仅为此后的报道积累了难得的报道素材与切入角度，也在采写人手紧缺的情况下，打好了提前量，为之后的报道减轻了负担。

4日最终接到的采访通知让大家喜忧参半。喜的是两岸重大历史时刻能亲历现场，进行实时报道，既是一次千载难逢的机遇，也是不可多得的历练;忧的是，在两岸新闻这一敏感地带，政治风险高、把关难度大，历来是唯中央媒体马首是瞻，如何在保证安全的情况下，做出自身特色，破费一番思量。

5日敲定的报道方案和报道方针，确定了纸媒与新媒体报道齐头并进的基本思路，并明确了报道方向：积极发挥前方记者在地优势，别出心裁选择切入角度，充分回归本地特点的三个定向。

这应该是南方日报历史上首次参与两岸重大新闻事件的直播报道，也是“南方+”客户端第一次参与重大新闻战役。作为后方联动的第一责任人，担负着新闻二次加工与最先审核的角色，是从前方向后方各产品线提供原始产品的中介者。

从之后的报道反响来看，此前谋划的三个定向为报道团队在可为空间内，建立报道思路、打开报道领域提供了基本依归：比如6日晚夜探“习马会”营地，前方记者深夜2点，深入会谈前的场地，抓取了宝贵而丰富的高清大图和独家细节，充分发挥了记者无法取代临场优势，而我作为后方联动，在独家猛料基础上，继续深加工，提炼了“怎么握”、“吃什么”、“送什么”的三大看点，摸索有趣安全的报道角度，新媒体产品推出后，在规避报道风险的同时，第一时间抓住了读者敏感点，取得了很好的传播效果；而7日的“粤台情缘”稿件，从“广东为何会多次举行两岸重要会谈”这一角度出发，梳理粤台交往中绕不开的“渊源之所”，利用报道趣味性与知识性吸引本地受众，并同时在报纸与新媒体呈现，也有不俗的传播表现。

（作者系南方日报时政新闻部记者）

说 年度 3

嗨！大白

曹斯

2012年夏天，一个穿着格子衫、短裤、白净的小男生来到南方日报时政部办公室，有点羞涩，带着可爱的小冒失。我们和他打了个招呼，知道他是新同事骆骁骅。

那时，骆骁骅很瘦。他说，小伙伴都叫他“三马”，因为“骆骁骅”三字都是马字旁，而且都是9划（给他起名的骆爷爷是多么强迫症+完美主义），这个昵称就传开了，以至于现在，有实习生叫他马老师。

转眼3年多过去，保守估计，瘦三马长膘20多斤。重了、稳了，也稳重了。稳重，是事实。小三马从别人眼中的“小屌丝”成长为一名成熟的政治记者，2015年还挑起大梁，习马会、中俄海军联合军演、“两会”……他都有出色的表现。

实际上，三马还有一个绰号“大白”，后面会解释这是为什么。《超能陆战队》的主角也叫大白，人见人爱；在我看来，时政的大白也一样，又暖，又能干。

大白的大成长

人人说，心宽体胖。这几年，大白胖了不少，可还真没见他心宽，操的心越来越多。

大白刚来时既跑医院，也是半个时政记者。像很多刚入职的“小鲜肉”，他的头半年岁月静好，无忧无虑。所以，你总见他甩甩绵软的头发，潇潇洒洒，踩着小凉拖，“咯噔咯噔”去采访，回来“哗啦啦”就把稿子刷完了。

“呀！你们来了个新同事，看那风格就知道什么是‘屌丝’！”一个耿直的通讯员发出这样的感慨。我们告诉大白，他也不生气，乐呵呵地照单全收。

说到这，该转折了。后来，大白成了一名完完全全的时政记者。时政记者是什么概念？要有大局意识、政治意识、责任意识，确保导向正确、主题鲜明、准确无误；还要不断创新报道视角和手段，努力开拓报道新空间……

总之很厉害就对了。这对大白而言意味着什么？是大成长！

从那以后，我很少看到轻松潇洒的大白了。为了写好时政报道，他整天和晦涩的文件打交道，使劲找角度，在准确的前提下，打造鲜活的好文章。为了完成政论通讯，他几天几夜泡在材料堆，因为熬夜太多，年纪轻轻开始失眠，一篇篇气势恢宏的雄文，也伴随着他的汗水和哈欠，呱呱坠地……

说到熬夜，我也负有一定责任。

2015 年底，我和大白组成了“前店后厂”的报道小组——我奔赴新加坡前方报道“习马会”，他在后方，对接我的同时做深度报道。

时间紧任务重，我到得很晚，但因为第二天就是会见日，探营工作必须做在前头。落地后脚没站稳，我就一头扎进香格里拉酒店探营，整理完前方资料，已经凌晨两点。想到几小时后要在新媒体端口发稿，我试着联系了大白。他，一直都在。

当时，我感觉暖暖的，想到了那个穿格子衫的 24 岁男生，冒冒失失地闯进办公室，脑补他和主任吹嘘能喝一斤却被我们从男厕所捞出来的画面，仿佛就在昨天。

如今的他，越来越沉稳，越来越可靠。他的身板也越来越强壮。看来，岁月不仅是“猪饲料”，还是“马夜草”，让三马有了大成长。

大白的大担当

2015 年可谓大白的丰收年。他的工作的一个亮点，是作为地方媒体的唯一记者代表，参加了中俄两国海军在日本海举行联合军演的报道，挑起了大梁。

我和他发微信那会儿，他还有信号，抱怨着没有热水。后来，他就“失联”了。许多细节我基本是在他《8000 里的“海漂”日志》中看到的，他也在这次体验中，找到了生命中的“唯一”。

因为，他是这么写的：“其中经历与体悟，怕也是此生唯一。”

最让大白纠结的，莫过于在船上传稿。军舰离港 1 小时后手机信号便荡然无存，只能依靠海事卫星。通过海事卫星传稿又必须在开阔地带，而这只有在甲板上才能实现。那一头，大白在甲板上，风中凌乱；这一头，时政部防务工作室主任奕宜姐（也就是大白的后方联动），死死地守，苦

@ **潇仔要回归**：三马算是我这个时政部新人见到的最后一个时政“老人”，因为他中俄海上军演报道刚结束又去残运会。我觉得三马很拼很干脆。今年省两会他作为跑线记者，既统筹政协又写稿子，忙得连选菜那一分钟的功夫都没。就算我休假在美国玩，三马有天跟西海岸的我近乎零时差，请问，你是怎么做到的?

苦地等。

不过，在如此艰苦的条件下，大白还很阿Q地慨叹，幸亏自己是纸媒记者，稿件图片传输量小，半小时搞掂。他还同情起电视记者来，说他们边传视频边看海，常常从“天朗气清”看到“夕阳西下”再到“月黑风高”。

回来后，我们常追问大白船上生活。

他会笑呵呵地说，随舰记者都出现了头晕、恶心的情况，不过大家都有些兴奋，想看看谁是第一个扛不住呕吐的人。大家都以为是他会最先“阵亡”，因为他看起来最白，好像体质最虚弱，甚至有水兵特意过来给他做防晕个别指导。

他还告诉我们，浴室只有3平方米，安装了3个淋浴蓬头，全舰所有领导、军官和记者都要在这里解决洗澡问题，多时近10个人挤在一起洗……

此情此景，我还是不“脑补”了。大白，这是你的“唯一”，还是留给你自己回味吧。

大白的“白”

文章的开头已经说了，骆骁骅很白，真是白里透白，与众不同。我们让他解释这个绰号因由。他一本正经地说，因为他皮肤很白，尤其大腿很白，同学都尊称他为“大白”。

当他略带娇羞地说出这个“梗”，大家伙儿的反应都是“噗，这个‘逗比’”！没错，大白的“逗比”真是浑然天成。

比如，他说到老家嘉兴，会说自己和江南七怪是老乡；

又如，他告诉我们，他表姐结婚时，长辈的发言稿都是他写的，因为亲戚觉得他是政治记者，擅长干这个；

还有说到儿时轶事，他认真地说，家乡常下雨，水淹了大街，他妈妈出行靠撑船，而他直接游泳上学，到了甩干。

…………

不过，我认为大白的逗，和他妈妈不无关系。因为他还告诉我们一件事，一次他回家，发现妈妈买了三台手机，问及原因，原来她觉得一台的流量不够用……

萌翻！

（作者系南方日报记者）

张东明点评

入职三年就成独当一面的业务骨干，凭的是什么？是对事业的执着、对职业的投入、对工作的负责。唯有孜孜不倦的追求，才能保持满腔的热情；唯有怀抱火热的进取之心，才能脚踏实地认真履职。不仅接连参与策划、炮制重磅报道，而且勇敢投身报道转型，骆骁骅的2015年付出特别多，理当收获特别丰。

2015 年度记者

稳

殷剑锋

个人简历

毕业于华中理工大学新闻系。先在武汉晨报干了3年，跳到南方都市报干了8年，2010年来到南方日报要闻部，一直是夜班编辑，连头带尾，已18年矣。喜欢读书喜欢电影，像是童年缺失的一种心理补偿。总是用“别走得太快，等等灵魂”来掩饰自己的不求上进。

2015年度记者 入选理由

编辑改的是稿件，做的却是学问的功夫，坐得住冷板凳考证，耐得住心琢磨，一字一句，保证新闻出品质量。如果是头版责编，难度还要成倍增加。殷剑锋长期坚持在头版责编岗位上，昼伏夜出，挑错改文，壮汉干着绣花的活，一丝不苟，兢兢业业。作为要闻工作室主任，他承担着要闻版面的管理工作和部分部门事务，对重点版建设和头版“今日关注”等栏目的建设，着力甚多，取得了不错成效，其中“今日关注”获得广东新闻奖一等奖。

年度说 1

一个编辑的自我修养

我不是建丰同志，我是剑锋同志。

自从《北平无战事》开播，“建丰同志”这个哏就被同事没事拿来逗。但细想想，还挺像那么回事。

做为一个大门不出二门不迈，只见星星不见太阳的的编辑，和记者打交道最多的方式，就是打电话。催稿、改稿、追问、核实，都是只闻其声，不见其人。电话里已经熟到可以互开玩笑了，但擦肩而过可能却不认识。有时饭桌上、会场上碰到，互相介绍一下，哦，原来你就是那个谁谁啊！

从我踏进报社的门、干上新闻这一行起，就在做编辑。没认真做过记者。

这个年度记者于我而言，真是个意外。

所以，当惊喜从天而降，反而不知道该说些什么了。没那么多故事好讲。因为对于一个编辑来说，有故事那肯定不叫故事，叫事故。

我从来都认为，要做好一份报纸，编辑不应该是一个人，而应该是一个群体。我们每天都在做一样的活，只是分工不同。所以，我就安慰自己，就算是代表这群每天守望相助的兄弟姐妹来拿这个荣誉吧，也不算贪天之功为己有了。

编辑是个隐形人

南方日报每年校招的大学生上岗前都会到要闻部来跟班学习，很多同学会问同一个问题：编辑是做什么的？

第一次遇到这个问题时，我一下愣住了。编辑是做什么的？

一说到记者，采访新闻的，不管是拿笔记本的还是拿话筒的，每个人眼前都会有个直观的形象。有人申冤诉苦，也都会指名道姓找某某记者。那编辑呢，改改稿子做个版？好像说轻了。策划、定题、选稿、改稿、沟通、核实、标题，这都是编辑要干的事。指导记者把好关？又太郑重其事了，更多的时候编辑只是在润色稿件中做出选择。

当不止一个人问了这个问题时，我也开始琢磨这事。只是，做了这多年的编辑，我还是说不上来。日本著名编辑鹫尾贤说，编辑是舞台上检场的黑衣人。倒是很形象。

上学的时候，系里倒是开过编辑课，只是那会儿上课的状况是：老师神秘兮兮拿出一张版样纸，告诉我们如何画版，还千叮咛万嘱咐，不要算错了字数，不然会挨排字工的骂。感谢伟大的互联网和做大的Windows以及伟大的王选院士，等我工作的时候，我们已经告别了铅与火，走进了光与电的时代，已经不用再在纸上画而是直接用电脑排版了。

老师们还谆谆教导，先学会当个记者，你都不会写稿子，做编辑怎么改稿子；自己都没把稿子写好，怎么能改别人的稿子。听上去编辑又是个高大上的活。这话好理解，稿子写多了，不自觉地就知道取舍了。甚至，采访前，就对这条稿能上什么版、在版上做头条还是边栏等等等等；接到线索，能第一时间判断该写多大、要不要配图，心中有数了。

编辑是一个相对于记者的隐形存在，他在记者的稿件里无处不在，但又看不到他。日本著名编辑鹫尾贤说，编辑是舞台上检场的黑衣人。倒是很形象。

但这是说如何成为一个编辑。编辑是干什么的，还是糨糊。再说，这还只是报纸编辑中的新闻编辑。把其他的编辑类别再划拉进来，那就更复杂了。

编辑就这样成了一个相对于记者的隐形存在。没有记者，编辑没有意义；而在记者的稿件里无处不在，但又看不到他。而且，编辑没有模版，一千个编辑会有一千个样子，如何去勾画他们的群像?

我也只好对新同学开玩笑说，等你当了记者，把稿子丢到我这里来，你就知道编辑是做什么的了。

我是谁，不必纠结。

编辑没有教科书

回忆未必是愉快的事。这次也算是逼自己检点过往。

我的第一份工作就是做编辑，中国新闻的编辑。那是1998年的12月中旬，长江日报正筹备办《武汉晨报》，人手紧缺。我的一个同学通过了招录考试，在那里参与筹备，问我愿不愿意去，有工资，还可能留下来工作。

我没有犹豫，就进了这一行。只是没想到，一干就18年，看样子还

年度秀 2

作品名称：“习马会”新闻版面
刊载媒体：《南方日报》
发表时间：2015年11月8日
作品影响：2015年11月7日，习近平与马英九在新加坡会见，系当日全球瞩目大事。编辑处理版面时，对新闻事件及延伸内容把握到位，只以一张两人握手的主图支撑全版，即将新闻的主体事实全部呈现清楚，凸显张力及震撼力。头条标题中，眉题干净利落地交代清楚新闻背景，主题用一句两人会见时，习近平主席说的一句话，勾勒出事件的重大意义。版面下端的评论导读，凸显本报的立场和态度，同时也彰显了《南方日报》在重大历史事件中永不缺席的大报风范。总体编排大胆，版面简练大气，标题到位，选图准确。在《南方日报》年终评选中，获年度版面奖。

得继续下去。

彼时，都市类报纸正风起云涌，但谁也没有办这类报纸的经验。以前党报的办报思路、理念、手法，甚至青年报、晚报的做法，都被鄙视、抛弃，一边摸索一边上路。

那会儿我还没毕业，一个半吊子记者就这样开始做起编辑了。

没有人教、没有标准，领导只给两条要求：一是稿子要有意思，二是版面要好看。这种似是而非的要求，反而给了我自由的成长空间。

每天把新华社的稿子一条一条读过去，再上网把全国各地报纸看一遍，突然就有了一种天下大事尽在我手的雄壮俯视感。这种海量的浏览，培养了我作为编辑最基本的新闻敏感和新闻判断，还有自信，以至多年以后，还是极力鼓吹新入

南方日報

习近平同马英九会面，这是1949年以来两岸领导人的首次会面

“历史将会记住今天”

《南方日报》今日刊发评论员文章

翻开两岸关系历史性的一页

职的编辑，应该从中国新闻开始上手。

不过这种不分良莠的海量浏览，也会有后遗症——很快就会疲惫、呕吐，以致麻木。西方媒体将“狗咬人不是新闻，人咬狗才是新闻”当作圭臬，但人咬狗的事看多了，还是新闻吗？开始的时候，哪里抓了一个县长书记，都会激动到拿来做头条，要做细、做大。如今，抓一个省部级干部，那又怎么样？

做了多年以后，忽然明白，这种自由多么可贵。现在，再也不会有哪家报纸，会让一个新手如此放肆地做新闻——用哪条稿子，哪个做头条，拟什么样的标题，用什么版面语言、版面元素呈现，甚至，你觉得这个新闻该做多大、做头条，一个版、两个版还是三个版，甚至更多？我犹记得，晨报创刊没满两月，1999 年 5 月 8 日，我国驻南联盟使馆被炸。一堆年轻人的激情也被点燃，几个年轻编辑，包括我在内，去游说总编，最后晨报一口气拿出了 12 版来做这条新闻。如此铺张前所未见，同行为之侧目。这哪里是做新闻，我们就是在借着新闻的名义玩摇滚呀！

感谢晨报，让我从这种没有规范的、野草一样的状态开始，用如金的版面，给了我作为一名编辑的基本素养和跳槽的资本。

编辑总在进化中

在晨报做了 3 年的中国新闻编辑后，我到了南方都市报，还是做编辑。

到了南方都市报，我感觉是从“报业作坊”进入了“新闻大厂”的流水线。

最先的感受就是，这报社真大！光是区域新闻编辑部就有 50 多号人，光编辑就比我原先报社的全部人员都多。而且，这些人都是来自五湖四海的业内翘楚。

其次，晨报只有区区 24 个版，这里动辄上百个版，要闻、广州新闻、深圳新闻、广东新闻、中国新闻、国际新闻、体育娱乐、专刊、副刊，版块分明，分工细致。

聊天的时候，我们常说，南都像个报业托拉斯，每个新闻部就是一家报社。

除了人牛版多，在这里，我第一次知道了还有编辑大纲，还编辑主导，还有分工合作……

每天下午上班，第一件事就是编辑们坐一起开评报会，人手一份报纸，从第一个版开始，从版式、到标题、到改稿、稿件安排，挨个评，连错别字都会被挑出来，不会因为你是新来的手下留情，也不会因为你是老人网开一面，人品没用，学历更无用。每一次点评，会让你无比虚荣，也会让你无地自容。多年以后，我还是怀念这种面对面交流的业务氛围，对事不对人，凭本事比高低。虽然在这种略显残酷的环境下，你只有两条路：要么被摧毁，要么快速成长。

庆幸的是，我没有被摧毁。

在南都的8年里，得益于编辑轮换制，我在每个新闻编辑部都转过，待得最久的是广州新闻部，最先做的是民生热线版编辑。

南都严格实行编辑主导制，民生版对应的有两三名记者。每天，我要从报料中心拿回少则四五十页，多则近百页的报料单，从里面挑出有意思的线索，再给记者打电话，安排他们采写。然后不断追踪进度、催人写稿、报题要版、量米下锅。

最让人受益的是南都的统筹编辑制。每个新闻部，老编辑要轮流分版。每天要从上百条稿子里，分出要闻、重点、时政、民生、社会新闻，再按当天的广告安排版面、分好人手，然后稿子来了，还要一条条看过去，发现好的、不合适的，再做调整。因为是广州新闻部，省市时政新闻都从此出，所以要闻部还时不时半路抽稿，再随时调整版面稿件，然后自己还要编稿做版。而这些，都要在短短的三四个小时内处理完，然后还要按时交版。一天下来，人累得像狗。

感谢南都，从挑稿到挑线索、从编版面到分版面，8年里，我从新闻链的末端接近上游，从编辑的初级阶段进化到中级阶段。

编辑是个精细活

南方日报的氛围和南都迥然不同。

南都最晚夜里12点半就要出片，这里要到凌晨1点20分才签出片样。一条稿来，可以字斟句酌反复修改；对于版面，要一点一点细细地打磨。这种空间，不是宽容，而是纵容编辑施展才华。

记得刚来没多久，就碰上广州亚运会开幕。那天的头版反复折腾了多次，从选图到标题，数易其稿，最后全员上阵想标题。待到全部版面交齐，已是凌晨5时许。让我大开眼界，原来编辑可以这样从容。

就像开篇所言，编辑从来不是一个人，而是一个群体。个人的能力有高低，整体的版面呈现却不能参差。所以全员上阵，守望相助，也是这里的一大传统。而且，作为一家省级党报，对编辑的要求也必然特别高，讲新闻更要讲政治，有宣传更要有纪律。每逢全国两会、省两会、大阅兵等重大报道节点，从每个版面，每条新闻，到每个标题甚至一句话的表述，少则七八个、多则十几个版下来，都要经过每个编辑的眼睛。嗯，还有值班的和不值班的领导，都在盯着。老编的经验在一涂一改中生出成就感，新手则在传帮带的氛围里成长。

大新闻的刺激可遇不可求，所以编辑的工作时常是孤独的，只能蛰伏等待。做一条逗趣的标题、选一张活泼的图片、弄一个精巧的版式，用自己的“个性、人格、人生观、世界观以及知识、教养、技术，甚至日常生活方式等个人的一切”，去达致一个编辑“完整的人格”（日本名编辑松本昌次语）。在日复一日鸡零狗碎的新闻重复中，就像个磨镜人，磨去了所有的焦躁，时机一到，手中之物能洞见俗世万事人心。

慢工出细活，细活出精品。在这里，时隔十几年，我拿到了一个又一个省级新闻奖。4 年里，几个精雕细琢的版面和稿件，相继拿到了 3 个中国新闻奖。

感谢南日，教会我如何做精品。

写了这么多，不是想自吹无师自通和多么出色。我本愚钝，别无长项。因缘际会，每到一处，总有良师益友，予我成长空间。钱钟书先生在《围城》中有一段关于吃葡萄的文字：“有一堆葡萄，乐观主义者，必是从最坏的一个葡萄开始吃，一直吃到最好的一个葡萄，把希望永远留在前头；悲观主义者则相反，越吃葡萄越坏，吃到绝望为止。”我的感悟是，无论新媒体还是传统媒体、无论编辑还是记者，一个新闻人的成长，就是那个先吃坏葡萄的过程——批评也好、表扬也罢，所到之处、每走一步，皆是收益。

（作者系南方日报要闻编辑部要闻工作室主任、头版编辑）

说
年度
3

沉稳的老编剑锋

林旭娜

本是斗酒书生，偏偏甘为茶客。天生壮汉相貌，却是草食性情。说到底，他是得凡世乐趣的散淡之人，明暗烟火里行走，深浅茶色中修行，渐渐，温厚少年成为少年的爹，长成编辑部里厚道微胖的叔叔，顺不喜，逆不惶，安不逸，危不惧——大白话说，由内到外的淡定从容。

啊不！别误会，我不是看着剑锋长大的姐姐。某年某月的某一天，我们前后脚从其他部门调入南方日报要闻部，自此成为一起熬夜的朋友。

好货沉底，说的是火锅；大块头压轴，那是拔河。倒金字塔是什么？新闻啊！身材与性情吨位并重，剑锋天生就是做头版和大题材的料，长年稳坐编辑版序第一把交椅，再次论证了新闻人才学上的倒金字塔理论。

其实，跟剑锋一起熬夜的次数，少于跟他喝茶的次数。剑锋爱茶，也爱泡茶，喝剑锋泡的茶，聊当天的八卦时事，渐渐成了编辑部下午采编协调会后的例行节目。

懂功夫茶的人知道，一个茶局的档次，决定因素不在茶，而在于有没有一个完美的司炉和三五六七默契互动的小伙伴。好的司炉者似在似隐，节奏和谐，或煽风点火，或排兵布阵，或笑而不语，或恣意点评，动静起落间，运筹帷幄，座中人便饮者美、吐者快、听者乐，大浇胸中块垒。

剑锋毫无疑问，就是那个每天愿意稳坐炉前施施然起炉火，渴中送甘露的人。在白加黑快节奏的编辑部里，个把钟头的茶聚，润滑了一整天。

其实，剑锋也是善饮的，然而，却不嚣张，也不攻击。他的酒风类似他的茶风：淡然，淡然，淡然。懂酒的人知道，觥筹交错中，咋呼的不一定有实力，定的才是高人。干倒别人不算好汉，从来没被干倒的是英雄。

剑锋向来擅长以静制动，不胜在流急，胜在渊深，有容乃大，化敌无形。

烟嘛，剑锋也是爱且懂的，对此，我们受其害久矣，苦不堪言！

清代的张潮说，山不可以无泉，石不可以无苔，水不可以无藻，人不可以无癖。明人袁宏道说："余观世上语言无味面目可憎之人，皆无癖之

@ 罗彦军：看过《北平无战事》的人都知道建丰同志，上过头版的记者肯定也知道剑锋同志。一包烟、一泡茶，一篇篇稿子就是在烟雾缭绕中雕琢出来的。带班时有他，省心很多；宵夜时有他，热闹很多。虽说现在不搭档了，但还是时常打交道，“南方＋”能第一时间发布书记省长的稿子（此处应有广告），全靠他。

人耳。”

人无癖不足与交，因为无真性情。剑锋之烟酒茶，类其为人、版风也！茶道曰，先人后己，司炉最末，剑锋深得此禅；饮的最高境界，可多可少，恰如其分；烟，我想是享受一个人的独立和自在吧。一个最优秀的编辑，必须拥有的不就是这种先人后己、恰如其分和独立心？细思唏嘘，高人，表面看起来常常就是烟酒茶这样平淡的啊！

（作者系南方报业传媒集团舆情研究中心报刊舆情主管、主任记者）

说
年度
3

摆平也是一种美

周煦钊

殷剑锋的工作卡位和我的“背靠背”，这种缘分从南方都市报一直到南方日报。我一转身就能看见他的侧脸，这或许就是他找我来写“侧记”的缘由吧！

评价一个编辑的工作，最直观的自然是看版面。一般人表扬编辑的版面，可能往往是“这个版看上去很漂亮”，关注的是“颜值”。然而，对于殷剑锋，我们私下里一般不夸他漂亮。常见的用语如下：

“我靠，胖子，这么多领导你 ×× 都摆平了。”

这种场景下，剑锋同志往往把版样和红笔“啪”地拍在桌上，点一根“红云”，嘴角一撅，长吐一口浓烟，应道：“那是！”

其实，我们都知道后面还有半句没说的台词，就是如释重负后的“差点儿没把老子整死”。

但凡干过要闻的都知道，摆平领导稿件是一门技术活儿。别的先不论，仅是几套班子加上军区两院，高级别领导干部就超过 40 位。各路稿件汇集在一个版面上时，孰重孰轻、孰前孰后、孰长孰短、孰左孰右、孰高孰低，着实要费一番思量。

关于摆平稿件，江湖传言过不少故事。有说某地一、二把手稿件同日见报，要求同版同水平，编辑只好让一把手稿件的呈现状况比二把手多一行；有说某要员不满稿件摆放位置比同僚低，电话就来批评编辑部了……

所幸，这些传言中的故事都不是发生在改革开放的前沿阵地广东，但也足以让编要闻的编辑们引以为鉴，免生差池。

在为“南方之日”拍摄的视频里，殷胖说晚上做版的时候给记者打电话也会有“负罪感”。以我对他的了解，这种表达是发于他内心的，而不是为了彰显情怀的矫情。当然，同怀此心的编辑相信也不少，毕竟，编辑和记者是同一个战壕里的兄弟姐妹。记得和一位记者聊过，他就很怕编辑晚上打电话，因为睡眠不好，被电话吵醒可能要花一两个小时才能入眠。

所以，编辑如果为一些低级问题打电话，他就很无语了。

殷胖的“负罪感”，除了源于同袍、同理、同情之心，还有一部分或许源于他的“克己”——能自己摆平的事情尽量不麻烦别人。到他手里的稿子，能自己鉴别、理顺、修正的内容，他都会尽量求诸己。等他求诸己而力所不及之时，他才会不得不打电话给记者以求诸彼。

这种“克己”，也使他做事给人感觉总有点儿“闷闷的”“不张不扬的”“不争不抢的”。于是，他也就这么“闷闷地”“不张不扬地”“不争不抢地”4年拿了3个中国新闻奖。对于殷胖这么喜欢自己闷头摆平的人，这些奖项也算是一种“没有埋没”吧！

殷胖的摆平，不仅在一些枯燥、严肃的问题上，在一些不枯燥不严肃的问题上，比方说喝酒，亦如是。

江湖传闻他在酒桌上摆平过不少新闻秘书，并且使人印象深刻，以至于再次见面只得一句“兄弟，咱们随量吧”。当然，他有他的策略：头三巡，不主动；次三巡，不拒绝；待到山花烂漫时，就不负责任了。

我曾很认真地跟“建丰同志”丁是丁、卯是卯地交换过斤两，最终的结局是：

“我先下桌，您随量！”

（作者系南方日报要闻编辑部编辑）

张东明点评

“认真”无价！毛泽东曾说：“世界上怕就怕‘认真’二字，共产党就最讲认真。”“认真”一词，看似简单，却意蕴丰富。做人做事，有人一直在努力践行“认真”，业绩未必惊天动地，但出色地履行了本分，赢得了尊重；有人终日浑浑噩噩、稀里糊涂，即使没把事情搞砸，却也没有做好，白白耽误了时机。“认真”与否，往往成为决定成败高下的关键。党媒工作者，“认真”应是基本素质、当有更高要求。不认真，就是没素质，难当大任；特认真，就是高素质，能够成事。老编殷剑锋，为机关报要闻而兢兢业业、认真负责，可贵！可敬！

2015 年度记者

博

欧阳妍

个人简历

勉强能算80后，湖南人，倔强又执着，外表坚强内心柔软。南方英文网副主任。入职以来，写的稿子一堆，但大院内基本没人看。“做一件有价值的事情，一直做，然后等待时间的回报。”怀着这个简单的信念，已在南方英文网摸爬滚打了13个年头。

2015年度记者 入选理由

作为2015年米兰世博会广东周的前方记者，现场中英文专访、图文报道、视频、H5等各种形式的精彩策划不断，外语能力、新闻策划能力、新媒体能力一样不少；作为南方英文网副主任，2015年为英文网全新改版贡献良多，助力英文网稳居国内同类英文外宣网站前列。由她负责的英文网微信公众号“GD Today”已成为众多在粤外国人了解广东的必备渠道。

年度说 1

等待时间的回报

在289大院的这些年，遇到的牛人比比皆是。此次当选年度记者，自觉受之有愧。正因如此，我深知这份殊荣背后是对我们整个团队的肯定和期许。习惯了用英文写作，拿到题目，落笔维艰。小伙伴建议：不如用英文写个 Personal Statement？我说太 Zhuangbility!

Anyway，在咬烂了几个笔头之后，我终于开始提笔回顾我的职业生涯。

不仅记录故事，也成为故事的参与者

倔强，说好听点是有勇气和坚持，说不好听是不撞南墙不回头。有人欣赏有人鄙视，各人各看待。而正是因为这份倔强，让我与南方结缘。

我大学选择的专业方向是英语教育，毕业之后，毅然拒绝了父母安排的高校任教工作——一份在许多人眼里对一个女孩来说完美的职业，只身来到南方。因为年轻叛逆，想逃离父母庇护的羽翼，选择了这份对我来说新奇而又充满未知的职业。英文记者和网络编辑的奇妙组合吸引了我爱冒险的心，而过后的工作经历更让我坚定了这份选择。

入职第二年，广东省和夏威夷州建交20周年，夏威夷州州长琳达·林格女士率政界、教育界、企业界、文艺界、侨界等各方人士访问广东，参加两省州结好周年庆祝活动。当时，我对整个交流活动做了详细报道。活动结束一个月后的一个下午，我收到了琳达州长的亲笔签名信。她在信中说："感谢你为这次活动做的精彩的图文报道，我已经在夏威夷的官网添加了 Newsgd 的链接，以便让更多的夏威夷的人民可以看到这些精彩的报道。这次访问让我们和广东在经济、文化、教育的合作进一步加强，也使两国人民加深了了解。"恍惚间，我的心里被某种东西触动，真切地感受到，作为一名记者，不仅记录故事，也会成为故事的参与者。一颗名为使命感和责任感的种子在心中埋下，慢慢萌发。

一名10种身份自由切换的媒体人

13年前的春天，非典从广东蔓延，肆虐全国许多省市，被世界各国关注。正是在这样的背景下，在这场没有硝烟的战争里，南方英文网诞生了。作为对外舆论斗争的前沿阵地，当疫情被控制、谣言被粉碎、人们的生活重归正轨之后，怎样继续吸引世界的目光？怎样继续完成对外宣传广东的使命？这个问题一问就是好多年。

长期以来，由于缺乏了解和固有偏见，外媒在涉华报道中会流露出明显的倾向性色彩，常常在吹捧西方价值观的同时，贬损中国的发展道路，致使很多西方人对中国存在很深的误解。特别是随着我国进入经济和社会双重转型期，社会矛盾高发，负面题材无疑成为西方媒体误读和曲解中国的最好素材。而对于擅长做“正面报道”的国内媒体，外媒大多抱着天然的怀疑态度。如何把宏大的叙事转化为外国人真正愿意听、听得懂、听得进的话，是我们对外报道的重大难点。

如何把宏大的叙事转化为外国人真正愿意听、听得懂、听得进的话，我和同事们一直在探索，从未停歇。做这样一件有价值的事情，一直做，然后等待时间的回报。

在这条道路上，我和我的同事们一直在探索，从未停歇。

为了报道好时政新闻，我们主动策划选题，把国家方针大政做成可视化新闻，把各类数据化解成丰富的表格、图解，力求简单易懂。然而，要讲外国人能听明白的话，自己必须先吃透各类带着浓厚中国特色的名词术语。广东是我国的经济大省，位于对外开放的前沿地带，我肩负着产经新闻的重担，更是不敢含糊。为了更准确地报道，文科出身的我恶补经济学，花了两年的周末时光去暨南大学研习经济学课程，但求由我笔下传递出的中国形象不至偏差。

为了报道在广东生活的外国人的故事，我们深入各种外国人社区，长期混迹于各大领馆、商会、外国人学校和留学生活动，挖掘他们在广东的生活故事：有的在淘金路开着小西餐厅，有的是某宝上身价最高的外籍模特，有的是深受欢迎的外籍教师，有的是对中国充满好奇的外国学子，有的已经在广东安居乐业、三代同堂……我们用这些最鲜活、最温情的故事，让世界看到广东的包容和进步。

英文媒体，在业内人士看来是一个潜力无限的行业。然而，潜力无

年度秀 2

作品名称：“魅力广东牵手米兰”——2015米兰世博会广东活动周专题报道

刊载媒体：南方新闻网南方英文网

发表时间：2015年10月11日

作品影响：“1+X”融媒体报道，引发海内外对“广东活动周”的广泛关注，有效提升了广东的国际知名度和影响力。获得省委省政府领导的充分肯定和省委宣传部通报表扬。带动南方英文网整体日均浏览量超过上月一倍以上，官方微信粉丝数在此期间出现了50%的快速增长。

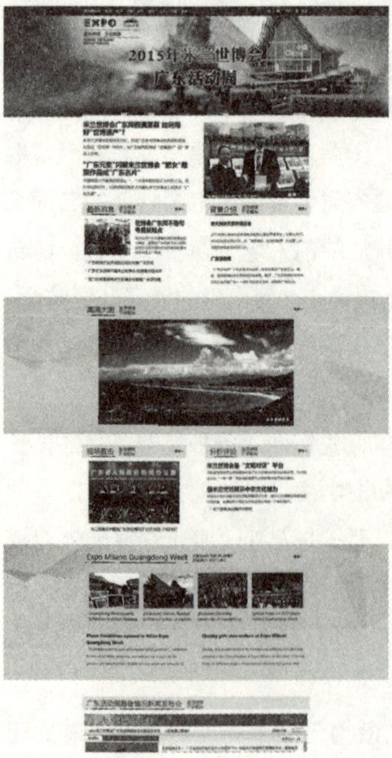

限的潜台词往往是尚在起步。无先例可循，笨鸟只能先飞，倒练就了我的“十八般武艺”。除了当编辑，我还是翻译、文字记者、摄影记者、摄像记者、网页设计、新闻策划、主持人、活动策划、产品经理。我有时觉得自己简直像被装上了开关，按下CTRL就能一键切换。

坦率地说，在这个漫长的过程里，我有过怀疑与动摇，也曾为自己的处境而迷茫。感谢同事们，尤其是从建网之初和我一起奋战的英文网主任张莹，没有他们无私的帮助、鼓励和支持，我不会有今天的成长。

坚守13年，等待时间的回报

做一件有价值的事情，一直做，然后等待时间的回报。

2015年，我们等来了时间的回报。我们几个老编辑，带着一众新丁，厚积薄发，让英文网在Alexa上的排名从2015年初的60万位纵身跃上2016年初的4万位。

随着世界与中国的接触愈加频繁，中国在国际舞台中扮演的角色愈发重要，世界“读懂中国”“读懂广东”的意愿越来越强烈。信息化网络的迅速发展、互联网技术的蓬勃发展、社交媒体的兴起，都为英文网的发展带来了前所未有的机遇。

英文网进行了第六次改版，没有哪一次改版能如此彻底。从理念到内容，我们都有了全新的提升。南方网总裁和总编辑亲自挂帅，带领我们朝着“广东省大外宣网络主平台”的目标前进。分管副总全力督办推动，凭着在报社各部门工作的宝贵经验，让我们在集团全媒体融合进程中如虎添翼。

年初，史上最多语言拜年视频的策划，让英文网迎来了开门红。

为了让全世界人民更了解我们的春节文化，增强广东与世界的情感纽带，在2015年农历新年前，在省外事办的协助下，经过短短一个月，英文网总共收集到了11个广东的友好省州州长和21个驻穗总领事的拜年短片，制作了“史上最多语言的拜年视频”。长期采访积累的外国人资源，在这个时候派上了大用场。

这个视频在传统网站和新媒体平台上共吸引超过10万人次观看，在微信和微博平台上受到了热捧。其中，英国、法国、希腊、意大利等11个国家驻广州总领事馆的官方微博都转发了该视频，好评连连。同时，视频也在南方报业传媒集团户外多媒体平台“南方全线通”播出，覆盖了广州市20多个商场和500万人群。

为了让我们的对外传播更有针对性，实现精准传播，我们升级了PC端，增加了用户中心，强化了分享、点赞等互动功能。开发了英文网手机版，开通了Twitter、Facebook等海外社交账号，丰富了我们的邮件外宣产品——《广东通讯》周刊，也开始运营英文网公众号“GD Today”。

2015年10月，在意大利米兰世博会举行的“广东活动周”，为我们提供了一次绝佳的操练机会。集团派出我和南方日报经济部记者吴哲去米兰现场采访，两个部门第一次“融媒体”合作就擦出了不一样的火花。报纸和网络，中文和英文，各展所长、互为补充，让这次对外宣传效果远高于预期，赢得了海内外读者的广泛关注。英文网和我个人也都因此受到了国新办和省委宣传部的充分肯定和通报表扬。

厚积薄发，一个专题策划把我这些年练就的武功通通检验了一遍。从前期采访、视频拍摄、专题制作到社交媒体和H5推送，环环相扣。

英文网从广东视角出发，有的放矢，先后推出省农业厅、意大利驻广州总领事、广东省贸促会、万科、欧洲摄影师等多篇中英双语专访。从当地观众、活动志愿者等角度切入，特别注重让参与世博的外国人自己讲述故事、传递感受，引起海外读者的共鸣。

这期间英文网联合中文编辑部推出的四期H5产品广受好评，尤其是闭幕当天推出的第四期“米兰世博会上的广东引力”，分别列举了广东在经济、企业、旅游、艺术、文化、饮食等方面的“强大引力”，让网友对“广东引力”有更形象的认知和更全面的了解。这期 H5 的内容阅读量达到 54998 次，收获点赞 1489 次，再次将活动推向高潮。

米兰世博会广东周的专题赢得了海内外大量读者点击，带动南方英文网在广东周期间的整体日均浏览量超过上月一倍以上，南方英文网官方微信粉丝数也在此期间出现了 50% 的快速增长。

在接下来的重大主题宣传报道中，英文网又一次次展示了自己的实力。

2015 年底，中央对中国未来五年加强国际传播能力提出了新的要求。而在我手边，摆着的正是集团关于加强国际传播能力建设的《实施方案》。

前路任重道远，让我们携手同行。

（作者系南方英文网副主任）

说 年度 3

我们的高颜值国民姐姐欧阳妍

张斯

"不会跑一线采访的美工不是好产品经理。"

这不是玩笑，尤其用在南方网人身上。

认识欧阳妍已经3年多了，不说朝夕相处，咱们一个屯子（部门）的人，低头不见抬头见，平日都是以姐为称，两个点（相互办公桌）之前的距离从不超过半米。总的感觉是，无论是对于工作还是生活，不管是内在还是外在，好像总处于一种保鲜期的状态。会在前线采访摄影，会在案头砌代码、做设计、码洋文，会与客户谈项目、做策划、写方案，会统筹协调管理，会描精致的妆容，永远不会搭配错衣服。突然有天她说写篇几千字的文章，我没在意，以为是某个项目文案，过几天饭堂吃粉随口一问，居然是被评了年度记者。就像某天轻描淡写地说要处理一下护照、通行证，结果被集团选派作为代表南方网记者赴米兰世博广东周进行双语采访报道。回来后只轻描淡写地说丢了台小果，结果没几天来一封上级主管单位的表扬信。我才意识到她在整个报道期间、前前后后，两个多月的付出和辛劳，感受到她对项目的引领把控力、准确的判断力和拓展衍生业务的敏锐市场嗅觉。擅长看似不动声色，实则厚积薄发。

她这种内在力量，不仅应用于工作，也易对旁人形成渗透力。

2015年是英文网承上启下、全新改版变革的一年，我们的队伍也由最初的3人发展到13人，工作任务、内容、分工都有了全新调整变化。从以前的按部就班模式切换成"班不按旧"，这一年我和初来乍到的新同事们都备感压力，大家都是马不停蹄、行色匆匆，她的工作是件件出彩，成果满满。顺着她的方向和模式，也让我们反思如何高效地工作、如何深刻领悟外宣工作宗旨内涵、如何表现创新创意。能把一颗热心安稳地揣在怀里，为人友善，行事决断犀利，什么星座来着？

（作者系南方英文网编辑）

@胡南：如何做英文媒体？如何做英文网媒？如何做英文外宣网媒？作为一枚从纸媒转来的“新人”，妍姐是我刚进来时的导师，也是我一直的引路人。与常规的对内中文报道不同，对外报道完全是另一套思维逻辑，妍姐总能在重要场合抓住合适时机一击即中，制造出最大的效果。

欧阳妍“十八般武艺”的修炼之路

赵艳

在过去的2015年，南方英文网的欧阳妍无疑是忙碌的。从世博会到国咨会，从米兰到广州……如何做好英文报道，如何创新宣传形式，欧阳妍可谓绞尽脑汁。

英文报道之难不在于“术”，而在于“道”。南方英文网是广东对外宣传的唯一权威英文网站，承担着宣传重任。把一篇新闻报道原样翻译成英文容易，但将其转化为外国人真正愿意听、听得懂、听得进的报道却很难。

对此，欧阳妍一直在摸索。比如，她会定期研读BBC、《华盛顿邮报》等外媒的新闻报道，学习他们报道的角度和叙事的方式，理解外国读者的阅读习惯，找准他们的关注点；再比如，在报道中聚焦外国人在中国的权益等和他们切身利益息息相关的话题时，欧阳妍会从小的故事导入，用典型案例去折射中国的大政方针、社会进步。“避免空洞的宣传语言，多列数据摆事实”，她认为，这是提高英文报道的可读性和接受度的诀窍。

光掌握写好稿件的技能远远不够。做网站专题时，欧阳妍有时候还会自己写代码做网页。为了做出漂亮的页面，她会找网络教程自学或者请教技术部的同事。她认为做好英文报道，“要出去能采，回来能编，说得了英文，还要看得懂代码，十八般武艺少了哪样都不行。”

她笑言，对待工作有时候自己是个“强迫症患者”，工作不做完无法踏实睡觉。同事对她的评价是经常加班却毫无怨言，工作严谨踏实。在米兰世博会采访时，顾不上倒时差，结束白天的采访，晚上就和困意搏斗，坚持写稿。有段时间，欧阳妍因为孩子生病常常医院单位两边跑，工作生活两方面的压力让她有点崩溃。后来，她渐渐明白凡事不能太强求，只求尽力而为。

时代不断变化，英文报道的方式也在不断革新，欧阳妍在英文采编这个领域，已经学习摸索了13年。

她看着南方英文网一步步地在外国人社区里扩大影响力，成为他们生活的一部分，就像“看着一个蹒跚学步的孩子慢慢长大”。这是她的骄傲。欧阳妍说：“你也许不知道写的文章会有多少人关注，但必须认真对待每一篇报道，因为只要有一个读者用心在看，只要能使外界对中国的了解多出那么一丁点，那我们现在做的事情就是有意义的。”

（作者系南方网记者）

张东明点评

欧阳妍是媒体战士中操持特殊武器的一个。她喊话和服务的对象是更为陌生多样、生活地域与文化背景往往有着天壤之别的人群，因而要达到预想效果，需下更大更实的功夫。以融通中外的中国表述，讲好中国故事、传播好中国声音，是个硬挑战，欧阳妍勇往直前、施展本领，在全媒体融合浪潮中奋力搏击，闯出了一条路子，巾帼本色尽显。

2015 年度记者

畏

刘龙飞

个人简历

湖南浏阳人，本科中南大学，研究生华中师范大学，非新闻科班出身，但2010年毕业后却投身了新闻。在南方农村报做了4年调查新闻，尔后转战《南方》杂志成为一名时政记者。喜欢吃辣，内心深处还是有点湖南人“不怕死，吃得苦，耐得烦，霸得蛮”的辣劲。

入选理由

好记者不是用语言来证明的。与高官面对面、和农民促膝谈、被领导表扬、遭编辑催稿，龙飞都是那么平静，平静到常常忽视他的存在。龙飞内心的澎湃，是通过稿件呈现出来的，他的万千思绪、他的苦苦求索、他的爱恨密码跃然纸上。他志在写关于个体命运和地方发展有温度的文字，是满满的正能量。

年度
说
1

痛，并快乐着

在“基本功”中寻找自己的“痛点”

当过记者的加西亚·马尔克斯曾说过，写作是世界上最孤独的事情，就如同一个人独自航行在大海中同风浪搏斗。我觉得这句话也能很真实地表达记者这份工作的“痛点”：无论是奔波在采访的路上，还是那些熬夜写稿的夜晚，辛苦和孤独都是最坚实的陪伴。

出去采访，经常能听到采访对象说“你们很了不起，是‘无冕之王’”，但下一句就是：“你们的工作也真辛苦。”充满同情的话语总让人黯然。与同事和朋友聊天，经常能听到各种吐槽，“睡得比狗晚，起得比鸡早”“不仅是脑力活，也是体力活”……调侃中总透露着诸多无奈。

不错，“无冕之王”也罢，“新闻民工”也罢，作为奋战在新闻战线上的“工人”，记者要能跑、能写、能熬夜，不仅要有强健的体魄，而且要有强大的内心。没有金刚钻，就别揽瓷器活。对很多人来说，也正是在经历各种“痛点”的过程中，才能逐渐磨砺出干记者这份活的“金刚钻”。

2010 年 8 月底，刚刚参加完集团一个月入职培训的我，第一次以一个记者的身份出差，就是独自去采写一篇舆论监督报道。这对既不是新闻专业出身、也没有参加过新闻实习的我来说，既兴奋，也感到了压力。

由于要下到村里去做采访，我当时先后换乘了长途大巴、乡镇公交车、摩的，花了几个小时才到达。但没想到第一天下午刚到现场暗访，就被当地政府发现了，并很快被请到了政府办公室。当面对一大堆政府官员坐在一起准备回答我的问题时，我手心不断冒汗。硬着头皮完成这次采访之后，一位官员问我：“听你问了半天，你究竟想了解什么？”

采访怕提不出好问题、下笔怕写不出好文章，这是我经常的焦虑。第一次采访的“痛感”让我记忆深刻，也让我在此后一直在反思：记者到底需要什么样的素质？怎样才能成为一名合格的记者？

如何从纷繁复杂的信息中甄选有价值的选题，如何尽可能丰富地获得采访资料，如何与采访对象周旋，如何将一篇稿件写得更好……从业几年来，我一直在这些“基本功”中寻找自己的“痛点”并努力改进，也一直以一个新闻初学者的心态仰视着这份职业。

在社会“痛点”新闻中观察和思考

有人说，记者是很容易将职业悲情化的一个群体。我认为，这种悲情化，一方面可能来自对媒体行业的危机感以及对生存现状的担忧，另一方面则可能来自记者在工作中遇到的太多社会“痛点”的感触。

2009 年 7 月，因为做一个扶贫课题的原因，当时还在读研究生的我，曾到国家级贫困县云南省昭通市彝良县做了近半个月的调研。在一个几乎与世隔绝的大山里的村庄，我看到了一群穿着很破衣服、光着脚、身上脏兮兮的十来岁的孩子。当地村干部告诉我，因为太穷，村里很多小孩都没有去上学。

虽然辛苦、虽然时常触及社会的“痛点”，但在工作中体验到收获成绩时的愉悦，体验到不断成长的快乐，正是这个职业的魅力所在。已过而立之年的我，仍然对这个行业充满期待。

2011 年 5 月，在珠三角的一个工厂里，入职南方农村报不到一年时间的我，又见到了一群来自那片落后地区的孩子，他们与两年前我在彝良见到的那群孩子年龄相仿,但身份却是工厂流水线上的“小工人”。

这是一次对“黑童工”的暗访调查。当时珠三角很多企业正面临“用工荒”，有人反映有企业非法使用了来自云南等地的童工，于是，我接下了这个题材，并混进了工厂，而且真的找到了这群孩子。

虽然有些许犹豫，但感觉“搞了一个大新闻”的我，执意刊发报道。稿件见报后，当地相关部门一位负责人告诉我，就在他们派人全面调查前，“黑中介”已经带着这群娃娃工逃走了。

娃娃工们何去何从，成了我永远无法得到的答案。我在随后的一篇采访手记中写道：“他们在离开工厂之后，又将被带向何处？我不得而知，甚至也不敢去做太多猜测，因为我知道，对这些生活在贫穷地区的孩子来说，能再度手捧书本、快乐度过少年时光，那是近乎奢侈的渴望。”

因为曾在他们家乡亲眼看到过残酷的现实，我对他们的境遇无法乐观。但车间那些孩子忙碌的身影，却总是浮现在我眼前，成为我经常想起的遗憾。有时候我甚至会想：自己究竟是帮了他们还是害了他们？如

年度

秀

2

作品名称:《离开公车的厅官》

刊载媒体:《南方》杂志

发表时间:2015 年 10 月 24 日

作品影响:对很多公务员来说,随着八项规定、公车改革等政策的落地,近两年发生在身边的变化是巨大的。他们对这种变化有着怎样的切身感受? 2015 年 10 月,在广东宣布省直 106 个参改单位车改工作基本完成的时间点上,《离开公车的厅官》将聚焦点放在厅官这个群体,反映公车改革给他们带来的影响,以及他们的真实感受。该报道引起了广泛的关注。

果让他们继续留在这里打工,会不会更好一些?

作为一名记者,客观报道是最基本的要求。我客观记录了童工现象,却留下了遗憾。我逐渐意识到,我们社会在转型中遇到的各种问题,并不只是“对”或“错”那么简单,往往有着更深层次的社会原因。而更难的,是找到解决问题的办法。

此后的很多报道,我在对一系列社会问题的关注中,都加入一些观察和思考,以及对解决问题的探究。从重症精神病人生存现状调查、地中海贫血病人调查到农村养老之困、失独家庭之痛,再到关注农村文物流失、土壤污染现象等,在操作更多感触社会“痛点”的新闻题材中,更冷静、更深入的思考成了我的追求。

向时政记者转型 换个视角观察

最近一年多,去基层采访,总能遇到一些熟悉的当地宣传部门的人,或是以前接触过的基层官员(往往是因为以前做舆论监督与他们相识),很多人见到我都免不了问一句,怎么很久没读到你的“猛稿”了? 面对这些询问,每次我都会讪讪地回答“现在转型了”。

是的,在做了 4 年调查新闻之后,我走上了转型之路。2014 年 6

月，我成为《南方》杂志社时政理论部的一名记者，走上了做时政新闻的道路。

在很多人看来，我这种转型跨度极大：以前主要监督公权力、专门挑人家工作中做得不好的地方，现在主要服务公权力、了解人家做了什么事情。不过，在我看来，自己只是换了一种方式去做新闻，换了一个角度去观察思考而已。

心理学上有个很有意思的实验，把一张中间有一个小黑点的白纸放到面前，问观察者看到了什么。一般来说，回答“黑点”的人，其看问题比较悲观，但是谨慎；回答“一张白纸上有个黑点”的人，其虽然照顾到了所有，但是重心却落在了黑点上，说明其注意力更多地偏向阴暗面；回答“一张上面有个黑点的白纸”的人，其看待事物全面，且注意力集中在光亮面。

做那个能一眼看出“一张上面有个黑点的白纸”的人，是我转型的最初出发点。面对那些难以求解的社会问题，我想尝试从“破”到“立”的角度去感触社会的“痛点”。

严格来说，从调查记者到时政记者的转换，也并非很大的转变。以前做调查记者的时候，很多题材都离不开时政、离不开社会关注的热点。而《南方》杂志的“深度凝聚力量”办刊宗旨，也决定了其新闻风格中注重深度的特色。因此，如何将自己的积累与现在的工作结合起来，这对于我来说，是一条值得探索的道路。

一年多来，无论是一系列会议报道、时政热点话题报道，还是关于基层换届、改革等报道，我一直在这条道路上探索。虽然并没有走多远，但却收获颇多，感触颇多。

对很多党员干部来说，随着八项规定、公车改革等政策的落地，近两年发生在身边的变化是巨大的。他们对这种变化有着怎样的切身感受？2015年9月，我和同事做了一期《直面商人——政府官员求解和谐政商关系方法论》的专题报导，通过采访多位官员和商人，试图解读新时期的政商关系现状以及应该构建什么样的政商关系。10月，在广东宣布省直106个参改单位车改工作基本完成的时间点上，我和同事一起做了一篇《离开公车的厅官》，将聚焦点放在厅官这个群体，反映公车改革给他们带来的影响以及他们的真实感受。这些报道都引起了不少的关注。

任何现象背后都有其深层次的原因，而每一个原因也必将带来诸多现象，既要看到“黑点”，又要看到“白纸”，做有深度、有创新的时政新闻，这是我不断探索的方向。

在媒体新趋势中当一名小兵

当记者几年，我最自豪的就是，全省 21 个地级市和绝大多数县市区，我基本上都至少去过一次。

不是在采访，就是在去采访的路上；不是在写稿，就是在做写稿的准备。虽然辛苦、虽然时常触及“痛点”，但在工作中体验到收获成绩时的愉悦。体验到不断成长的快乐，正是我所感受到这个职业的魅力所在。

由于性格比较内向，我不善交际、不善于当众说话。但当记者以来，我不断逼着自己去主动与人交往，不知不觉中胆量增大了，性格也开朗了。更可贵的是，我在采访中认识了一批关系还不错的朋友，大家能经常在一起吐槽、一起鼓励，为忙碌而单调的生活增加了不少亮色。

我一直觉得幸运，是南方报业传媒集团给了我一个很好的平台，让我能够在追跑新闻的道路上不断成长，能在广州这样的一线城市有了立足之地。我始终心怀感恩，一路走来，如果没有领导、同事们的悉心指导和无私帮助，我不可能克服工作上的诸多困难，更不可能如此荣幸地成为一名年度记者。

刚刚过去的一年，身边有很多媒体人离开，也有很多人对媒体行业表示迷茫和悲观。已过而立之年、早已被定义为一名“老记”的我，却仍然对这个行业充满期待。因为我始终觉得，任何事物都有自己的发展趋势。既然我们不能与趋势作对，那就应该顺应趋势前行。在媒体发展的新趋势中，还有我学之不尽的东西，我愿当一名小兵，不断努力、不断尝试，继续仰视这个职业。

有名人说，人的一切痛苦，本质上都是对自己的无能的愤怒。我的理解是，如果能够意识到自己的无能和不足，能够直面自己的愤怒，并不断努力前行，这又何尝不是一个快乐的过程？

（作者系《南方》杂志时政部记者）

说
年度
3

他的身上沉淀着青春的激荡

汤凯锋

刘龙飞，我再熟悉不过了。我们一起进报社、一起跑新闻、一起租房子住……可以说，我们最美好的青春，在艰苦的奋斗中一起度过。他以成熟稳重的品质，被我们尊称为“飞哥”“大哥飞”。

我和飞哥相识于 2009 年的夏天，在我的老家蕉岭。那时，我在南方日报机动记者部实习。还在读研究生的飞哥在蕉岭县广福镇广育村搞“南农实验”，驻村探索基层治理。有一次我去采访，飞哥带我走访了十多户人家。晚上，我们住在村支书的家里，睡在木制的床板上，人一转身，就嘎吱嘎吱地响。

缘分，总是在不知不觉中，牵引人相聚相离。2010 年 7 月，入职报到的那天我看到了飞哥的名字，暗自欢喜。更加欢喜的是，在接下来入职培训中，飞哥和我、李春江、黄慧莹等竟然分到了同一组。飞哥拥有丰富的农村调研历练，自然成了我们的组长。培训结束后，我分到了实习的部门，飞哥分到了南方农村报新闻部，我们的主要业务都是跑社会新闻。

那个年代，社会矛盾的多元交错，呼唤着媒体履行社会责任，推动诸多问题的解决。作为入职南方的新人，多少也怀揣着新闻理想，对“铁肩担道义，妙手著文章”充满期待。飞哥亦然，入职后，他十分积极寻找报料线索，我们时常一起研究一些报料的准确性、新闻性和报道角度。由于害怕稿子被公关，为了增加被监督对象的公关难度，我们经常一同采访，一同约好见报日期。

搞调研出身的飞哥，性格小心谨慎。虽然我们尝到了监督报道的“快感”，但他始终提醒我们，报道一定要以事实为准，做新闻一定不是为了追求轰动效应，更不能拿任何好处。在这样的小氛围中，我们每一次的调查都如履薄冰，我们拒绝了很多“信封”，甚至连采访对象的饭也不吃。因此，我们所发的报道都充满底气，从来没有报道因为瑕疵受到反攻。

对新闻的坚守，注定了要吃很多苦。那时候，采访车辆缺乏，大巴、

> **@胡新科**：进南方前，当时和飞哥一起在粤东一个小山村驻村调研。离别前因伤感，他一个人干掉了一瓶白酒，嗯，一个人。别看他平时模样酷酷的，其实很闷骚、很有人情味。刚来到南方，他带我出差，脚步快得跟不上；写稿子，我还在构思，他已文思泉涌噼里啪啦地刹不住。下得了村、爬得了山、进得了厅局、采得了省部，龙戈，飞哥，你真了不得！

公交车、摩托车是我们最常用的交通工具。我翻开使用了5年的iPhone3手机，上面记录了很多与飞哥有关的难忘岁月：我们蹲坐在中山汽车客运站，一手端着泡面，一手用叉子卷起面条往嘴里送；我们坐着摩托在大山里穿梭寻找非法稀土矿点；我们坐车路过乳源，中途下车到路边小解时，竟然发现了工业转移园变身的高尔夫球场；在黑童工暗访的晚上，工厂附近的大排档停电，飞哥点着蜡烛吃饭，汗流满面……

当然，工作虽苦，但飞哥少有抱怨，总是能平衡心态，积极面对。很多时候，他以"我们都是农村出来的孩子"的话语，来安慰我们，舒缓焦虑不安的青春。因此，我们虽然苦，却还留下一丝丝欢乐。一次，在连州大路边镇暗访时，我和飞哥，还有南都的李春江、王泽勇一起，但第一天采访并不顺利，大家都很焦虑。晚上，我们一起去镇里"最好"的KTV，抱着一台14寸的黑白画面电视机，飞哥拉着李春江的手，一起唱了一首"东方之珠……"沉闷的氛围，瞬间变得欢乐。

成熟稳重、注重感情、性格温和，是飞哥最具魅力的人品。刚参加工作的时候，我一个月工资才3000元，每月光房租就要1000多元。为了帮我减轻压力，飞哥邀我、李世敏三人合租，我出的租金最少：每月只需750元，而他和李世敏各分摊了1000多元。此外，每逢聚餐，10次里面起码有7次是飞哥主动埋单。

其实在生活中，飞哥十分勤俭。我们最大的心愿，是通过努力工作，能在广州买房，定居安家。2013年，经过努力，我们都实现了这个愿望。然而，我们的状态，却没有因为安家而获得安稳。剧变的时代，每一个人作为社会的一分子，都无法获得绝对的安稳。当我们努力地挣扎在一线，却发现难以唤回时代的价值时，再坚强的飞哥也不得不承认，只有积极转型，才能获得相对的安宁。

2014年，坚守了4年调查新闻岗位的飞哥，跳槽去了《南方》杂志，转型时政记者。从江湖到庙堂、从社会民生到决策前沿、从普通群众到高端人士，虽然工作的环境、氛围发生很大改变，但他那蕴含在内心的道义情结和多年形成的职业习惯却没有改变。我翻读每一期《南方》杂志发现，飞哥是实打实的供稿大户，且从行文逻辑来看，很多报道均保持着他调查稿件的深度思维。我确信，飞哥没有变，他只是在用调查的方式，做深做活时政话题，为时政新闻注入一股新鲜的血液。

时光易逝，风骨犹存。如今，那群曾激情四射的社会新闻伙伴，已纷纷转岗，只剩我和南都的王泽勇在原岗坚守。然而，在转型的大环境下，不管是哪个岗位，都责任重，工作丝毫没有轻松。在无数个夜里，我们曾与飞哥在微信群里，相互安慰、熬夜写稿。让我们坚持“激情”的，有现实生活的倒逼，更有对明天的美好期待。我们始终觉得，青春的燃烧定能为社会改变点什么。

飞哥获评年度记者，我们由衷高兴。因为他的身上，沉淀着我们青春的激荡。

（作者系南方日报机动部记者）

张东明点评

特别不爱说话，但特别有思考力、特别用功、特别善战的龙飞，能够在岗位上做出骄人的成绩，源于他对职业心怀敬畏、工作上激情满怀。敬畏职业，令他勤奋踏实、谨慎细致；胸怀激情，使他不怕困难、无惧孤独。不张扬的人往往是最“可怕”的。不声不响中，龙飞做成了一单又一单高质量的报道！但求事功，不事张扬，飞龙以其追求诠释了“板凳坐得十年冷”的境界。

2015 年度记者

正

黄怡

个人简历

1987年生，本科毕业于复旦大学中文系。2009年进入南方报业后，一直在南方都市报工作，先后在中山新闻部、广州新闻部、广东新闻部担任记者。长期关注时政领域，负责省委、省政协、省纪委等政务新闻报道。代表作品有《孟学农：人生起落没有遗憾》、“粤东西北振兴指数”系列等。现为广东新闻部首席记者。

入选理由

复旦高材生，客家帅小哥。黄怡身上混合着客家人的温厚、灵动和书卷气——这些特质往往会成为一个好记者的品质支撑：有梦想、有才华而又接地气。他勇于创新，精于九宫数独，弹指日演夜算，用数据读权力，评估施政得失；他善于开拓，诚以待人，广访官员，内敛而偶露峥嵘，平地则时见惊雷。正所谓见微能知著，守正常出奇。

年度
说
1

记者，总在不断寻找自己的答案

大学毕业后，一直在《南方都市报》当记者，转眼就快7年了。

从一开始的突发记者，到历经多个领域锻炼、成为一名负责“时政”新闻的南都政务记者。坦白地说，一路走来也有过困惑。最早是思索新闻该做什么，然后摸索着、尝试着新闻该怎么做，如今则想着如何做好新闻，做出社会和公众真正需要的新闻。

过去一年，围绕媒体的争议不少。从年初姚贝娜事件中质疑记者“在病房外等着她死”，到年中传来媒体人纷纷离职下海的消息以及新闻被点击量裹挟着前行等等。很多问题，只有自己有了回答，才能付之一笑。做一名记者，总是需要不断寻找自己的答案。

2015年以来，虽然自己的身体状况不在最佳状态，但和部门的同事一起，我也在做着不同的尝试。从连续推出的独立第三方政府绩效评价“粤东西北振兴指数”到微信公众号“跨粤”的写作、编辑，从广外副校长博士论文造假等独家稿件到推动“年票制”废除的系列报道，一直努力前行。

寻找，才能寻见。我也在寻找中明确了大方向：如何为社会公众看清前路、挖掘真相、涤荡迷雾、凝聚共识，我们做得不是太多，而是太少。

为与不为

曾经有一段时间，我害怕新闻带来的影响。

原因大抵与2015年姚贝娜事件中的争议相似：你没给报道对象带来什么好处，甚至带来了伤害。但你的报道价值却看起来云山雾罩，遥不可及。

在我成为记者才一两年的时候，有一回，我们经过几周的暗访，曝光了中山某镇菜农违规使用高毒农药种菜、农资店违规售药而政府疏于监管的事件后，有关部门率队来到菜地，用铁锹、铁铲清除“毒菜”。

铲锹在田间飞舞，一匝匝菜叶飞溅，照得满眼绿光。上千千克蔬菜被就地销毁，掩映着菜农们茫然无措的脸，他们甚至还没搞懂为什么。一名当地的官员，用捉摸不透的语气对我说："小伙子，干得不错啊。"

直接的"伤害"、粗暴的"查处"，是很多暗访新闻出街后的反应。有一次暗访黑网吧，我们费尽力气拍下视频、录音，作为小网吧向未成年人收费营业的证据。报道曝光后，工商部门到现场查处。当我正想出示证据时，执法人员已经指哪打哪，一拥而上，把电脑扣押查封，连一句解释都不需要。

那一刻，我确实在想，新闻真能让社会变得更好吗？如果我们的新闻，只是铲除了这些菜地，却没有解决菜农用药的难题；只是拔除了黑网吧，却没有让打工仔拥有更好的文化生活，反而让被报道者受到了粗暴的伤害呢？

此事在我心里留下了个结。不过，就在去年，又是一次高毒农药暗访的珠三角联动调查，却给了我一个很好的答案。南都珠三角新闻的同事们，回访了我们曾经曝光过的"毒菜地"，多个现场却再没发现使用高毒农药的事件。

不仅如此，中山、佛山等地对此后检验发现的违禁高毒农药种菜事件，都从严追究刑事责任和高额罚款。重典治乱，让种菜者不敢再轻越雷池。曾经无法检测高毒农药残留的仪器，也逐渐被先进设备更新，让抽检更有效……

记者总是需要不断寻找自己的答案。公共政策就在紧咬不放的追问中得到充分讨论和完善。我也在寻找中明确了大方向：如何为社会公众看清前路、挖掘真相、涤荡迷雾、凝聚共识，我们做得不是太多，而是太少。

新闻自有生长的规律，也是社会自我完善的"催化剂"。我想，让高毒农药逐渐从菜地"绝迹"，南都同事们努力暗访做出的新闻，也是功不可没的。每一次暗访虽小，但累积起来，久久为功，也可以汇溪成海。

守正出奇

进入南都不久，我就被安排在政务这条线，与各个级别、不同部门的官员打交道，成为一名"时政"记者。都市类媒体的平台，虽然给政务新闻操作带来了一些限制，但也赋予了记者更灵动活泼的视角以及广阔的书写空间。

对敢于发言、善用媒体的官员来说，南都是很好的舞台。

怀着这样的理解，我也慢慢地把握了南都政务新闻的 Style，把自己的心态从一开始的惶惶不安、束手束脚，调整为堂堂正正、踏踏实实。我给自己定的目标是"守正出奇"：

一是要见微知著。有个例子是，省安监局召开全省培训会，本来内

年度秀 2

作品名称：《粤东西北振兴指数》

刊载媒体：《南方都市报》

发表时间：2015年7月21日

作品影响：围绕省委、省政府“振兴粤东西北”的中心战略，该项目引入学术方法，建立指标体系，创新推出了“粤东西北振兴指数”，对广东省“振兴粤东西北”的中心工作进行了第三方独立量化考核，得到各方高度肯定。省委常委、常务副省长徐少华连续两年出席了发布仪式，并给“振兴指数”竖起了大拇指。该策划也获得南都新闻奖数据新闻银奖。目前，南都“粤东西北振兴指数”已连续推出两年，成为媒体助力粤东西北振兴的品牌项目之一。

容很“平”，但我在会场一看名单，发现以往分管安全生产的往往是资历最浅的副市长，这次来的却都是常务副市长。从这个细节入手，采访摸清了“一岗双责”新要求下，全省各市安全生产领导架构已全面“升格”，分管领导的“高配”正是其中一个侧面。这篇稿件也被评为全国安全生产新闻奖三等奖，受到了官方的认可。“以小见大”是都市报的拿手好戏，南都以往的很多报道也证明了这一点。

二是顺藤摸瓜。2015年，我负责了独家报道“广外副校长博士论文抄袭被查”事件，线索来源是《中国纪检监察报》的一篇消息。当时，报道仅提及广外一名陈姓副校长因博士论文抄袭被处分。通过采访，我在同事们的帮助下，一路摸查确定了具体涉案人，查到他的博士论文并与其他论文相比对，又采访到撤销其博士学位的高校，逐步将一句话写成细节丰富的稿件。

三是换位思考。政务报道的采访对象常常是官员、政要。他们在媒体上的言行，固然有自身的个性、勇气、经验和智慧等因素，但也受限于身份、时机和具体的场合，采访他们常需要做足功课，换位思考，否则就很容易碰一鼻子灰。在南都的师姐彭美说：“真诚的人自带光芒。”我很认同。作为记者，真诚的最重要体现是，对采访的官员做好充分准备。

2014年我在北京做两会报道期间采访山西省原省长孟学农先生，和他说的第一句话是“您上次说再接受媒体采访要到10年后，如今正好10年过去了”。我们很轻松地聊了起来。当他问到年龄的时候，我回答：“我出生那时候，您是在北京当工商局局长呢。”这次独家采访，也是孟先生多年来首次谈两度引咎辞职，他说“人生起落，没有遗憾”。我能感觉到，他对我和许多的读者，像与后生交流一样坦陈心声。

很多时候，官员其实并不如我们想象的那样讳言“敏感”问题。如2016年省两会上，我去约访茂名市委书记许光，“昨天的《人民日报》发了一篇稿子，说到广东反腐与经济齐头并进，引用了茂名的例子，能否谈一谈？”这样的切入角度，也顺利打开了反腐话题的讨论。

融入政务

这几年的政务报道和策划中，我觉得最大的突破还是“粤东西北振兴指数”的发布，以独立第三方的角度来评价政府的中心工作，提供了客观的参考系，并获得高度肯定。尽管还存在一些不足，但体现了我们想要努力的方向：就是政务报道领域不断“登堂入室”，融入政务生态圈中，甚至影响政务决策。

2015年7月，南都发布《“粤东西北振兴指数”蓝皮书》，省委常委、

年度秀 2

作品名称：《揭阳市委原书记陈弘平受审，他还牵出了哪些大佬？》

刊载媒体：《南方都市报》新媒体

发表时间：2015年4月21日

作品影响：《揭阳市委书记陈弘平受审，他牵出了哪些大佬》达到了10万+的点击量。报道在陈弘平受审当天迅速跟进，挖掘第二落点，搜罗公众关心的涉案人物线索材料，引起了很大关注。被网络媒体广泛转载。

常务副省长徐少华连续第二年出席发布仪式时说，要为“振兴指数”蓝皮书和“跨粤”微信公众号竖三个“大拇指”，点赞！这个策划体现了新闻人的政治责任和社会责任，为官方的评估考核提供客观的参考，可以相互印证借鉴。

“粤东西北振兴指数”的诞生，也是南都广东新闻部在推进广东省粤东西北振兴发展战略系列策划时一个水到渠成的结果。2013年广东省提出粤东西北振兴发展战略以后，我们就策划了包括政要专访、专家访谈、粤东西北圆桌会等多种形式的活动，到了2014年，在跟专家碰撞的时候又提出，能不能由南都牵头，对粤东西北振兴成效做一个第三方评估，督促后进赶超先进？

说来容易做来难。为了摸清政府绩效评价的规律，我们多次拜访专家，初步形成了涵盖粤东西北振兴“三大抓手”和经济指标的框架体系。在此基础上，我们广泛搜集公开数据，并得到省统计局的支持，才得以顺利完成“振兴指数”的出品。

这一份由媒体主导的第三方评估报告，涵盖24项方方面面的指标，兼顾存量与增量，可能是一份最全的关于粤东西北12地市振兴成效大PK的非官方报告。报告推出后受到广泛转载，有的地市还专门派出采访团队，报道“振兴指数”成果。

新鲜、活泼、有影响力的政务报道和公共政策探讨，我们能做的还有很多。还可以说一说，2016年我们在省两会期间推出的“年票制”报道也是一个很好的案例。利用微信公众号“跨粤”，我们从年票制议题推出开始，滚动积累关注度，广泛发动“粉丝”，组建了首个“微信问政群”，邀请大咖孟浩、王则楚等人共话年票制，当日微信点击量近2万，很好地引爆了省两会上年票议题的讨论。

省两会期间，“年票制”成为政协委员两度抢麦发言的热点话题，政府部门随后密集回应这一议题，省法制办、省交通厅、省发改委、省财政厅等权威部门陆续发声，表态取消年票制，并尽快研究出台方案，相关报道取得了很好的社会效果。

政务报道的乐趣，或许就是在这样的观察、追问和对答之中，你或许永远也猜不到明天能追到什么。公共政策就在紧咬不放的追问中得到充分的讨论和完善。记者只有不断寻找，才能得到答案。

（作者系南方都市报广东新闻部首席记者、政经工作组组长）

说
年度
3

淡定从容、灵气有加的政务君

薛冰妮

在报社里，被政务编辑“下单”最多的记者，黄怡就是其中一个。

有资深编辑说什么稿子交到黄怡手里，总是会写得不错。

不仅仅后方的编辑给他点赞，在一线采写时，与黄怡搭档也会很轻松。我和黄怡经常是搭档，一起去一些政务会议，时间紧、任务重。不过，有黄怡就不怕，因为他是一个“快刀手”，报题报得快，抓新闻点也很准，是一个很受欢迎的搭档。

写政务稿，他很敏锐，擅长梳理和分析。写人物稿，他也很有灵气。记得2013年，我们两个人负责全国两会广东代表团的报道。当时要求多写基层代表，我们每天轮流分工写基层代表。有一天，光孝寺主持明生在会议上发言，他就发现这个和尚很有趣，治国理政、服务型政府、以人为本、顶层设计、和谐发展……一套完整的官方语汇信手拈来。于是他傍晚就堵在代表饭厅门口，与明生约访。半个小时的采访，800字的文本，鲜明地介绍了明生的观点、经历、特点，把这个新时代的大和尚写得活灵活现，同时也把和尚当代表的履职本色写出来。小稿能见记者功力，小而精、精而活、活而美。此稿一出，同事们都说写得好。

黄怡是不怕吃苦的人。每次开两会，最苦的活派下来，他都不推辞，而且经常主动要求干。比如每天要有人值班从一大堆代表建议中找料。这些建议很多、价值不一定很高，沙里淘金不容易。有时候看到要“自戳双目”可能都找不到一个好的料。黄怡总是在傍晚问我：“今天有人看建议吗？如果没有，我去看吧。”这种精神让与他共事的人都觉得很舒服。

这个人见人爱、花见花开的记者，从一开始就显示了潜质。

黄怡入职不久就被派到中山记者站。这个复旦法律系的高材生很快接了最重要的时政线：市委市政府。站里记者回忆，当时正好是中山市机构改革，由于不是本地媒体，他漏稿了。因为他是新人，领导也没有责怪他。但是他觉得不能漏了就漏了，硬是在第二落点，弄了篇重磅梳理分析稿出

@ **吴璇：**最佩服黄怡的两大特点。一是考试很厉害，从高考到各种考试从不失手；二是能够化腐朽为神奇，在枯燥的采访中找到亮点，冷冰冰的数据也能被他“折腾”成广受好评的“振兴指数”。爱帮人的他，总是带着政经组的同学们一起做稿子，相处很融洽。

来，震了同行。

黄怡是摩羯座的男生，看起来很淡定。虽然他年龄小，但是穿上衬衣西裤，看上去就是一个领导秘书。这一点，让他在很多政务场合过得很好。其实对于政务记者来说，合适的着装非常重要，但不是每个政务记者都能认识到这一点，并且以此要求自己。黄怡在这一点上很注意，出席比较重要的会议，他的着装都很得体。

记得十八大的时候，当时他并没有参会记者证件，但为了在会场抓到新闻，黄怡以访客的身份拜访了代表，甚至还在会场酒店里住了几天。这恐怕是“混”会场的最高境界了。就在本次省两会，他跑完政协跑人大，在门口约访副省长，一起进入会场，顺利完成了会议的采访任务。当然，其中的辛酸苦辣还有甜，只有记者才知道。

除了工作上是一把好手，他在生活中也是一个蛮有趣的人。如果去唱K，他肯定是“麦霸”。偶尔还会捯饬一下自己的头发，弄一个新潮的卷发之类。周末偶尔喜欢踢足球。加了他微信朋友圈的人都知道，他偶尔会写诗，喜欢诗歌朗诵。

报社里很多同事都吃过黄怡妈妈做的饭菜。以前在中山记者站工作，有时候会议开得晚，黄怡就给妈妈打电话，烧上同事的饭，一帮单身狗被黄家“收留”，吃上了地道客家菜。不单同事能吃上，连实习生都能一起沾光。后来黄怡调到广州工作，仍然有同事怀念黄妈妈的一手好菜。当然了，本人也托黄怡的福，尝过黄妈妈的手艺，确实了得。

黄怡是一个特别淡定的人。2014年年末的一个周末，黄怡给我打电话，我还让我女儿跟他逗乐几句，然后才问他什么事，结果他很从容地说踢球的时候，腿部受了伤，而且还乐呵呵地告诉我具体情况，一点都不慌。倒是让电话那头的我倒吸一口冷气。难为他还能跟我女儿开玩笑，这么乐观。

后来，他的腿还没有完全好，就经常跑活，伤口偶尔还找他麻烦。我们同事都笑他，这么敬业的记者，不评上年度记者，我们都不答应。没有想到，这句话真的成真了，真是为他高兴。南方青年，继续前行。

（作者系南方都市报首席记者）

张东明点评

黄怡从突发、时政、政务报道的采写型记者，到媒体活动的策划者、新闻微信公众号责编，这是一名自觉和主动提升自身能力、适应传媒新生态的新闻人的选择，这是一部以“转”和“变”为关键词的当代媒体人的奋斗史。转则顺，变则通。正因为不满足于做一名全能型的报纸记者，才促使黄怡不断地突破藩篱、超越自我，在深耕主业和多元开拓中收获硕果，在加快转型和融合发展中先行先试。

2015
年度记者

能

李颖

个人简历

北京人在广州。入职南方都市报11年来，跑过突发、做过时政记者、当过夜班编辑。2015年转型新媒体，自此有了个霸气侧漏外号“百万姐”。手机焦虑症患者，每天泡微信却不会友不社交。会抓热点、懂得痛点、了解爆点、持久力强，最重要的是不忘初心，永远把你放在第一位（用户思维）。

2015年度记者

入选理由

新闻公号肉搏时代，谁敢横刀立马，唯微信“百万姐”。她从报纸编辑转来，一头杀入新媒体血海，从一窍不通到以一当十，打造诸多百万阅读量大作。她是李颖，夜以继日马不停蹄，玩转微信炉火纯青，将南都“深圳大件事”公号推上深圳地区头把交椅。心血和智慧并存，激情和干劲共通，堪为南都采编转型升级之标兵。

年度
说
1

与其抵触，不如去拥抱变化

“这是真的吗？”

当我知道获评年度记者时，吓了一跳。在这个大院里，有很多牛逼的记者，从没想过有一天这个厚重的荣誉能落到我头上，以至于当它突然发生在眼前时，觉得有点不真实。

我在东莞的激情经历

“东莞很乱呢，街上经常有抢手机抢包的。”

11 年前，大学毕业后进入南都的第一站是东莞。刚来就收到 N 多前辈的提醒，别穿得花枝招展招贼。

当时也没怎么上心，结果没过多久，在记者站门口的马路旁，就被辆摩托车飞车抢夺一把抢了手提包，身份证、记者证、采访本都丢了，脑袋还因为重重摔到地上砸出一个血肿块，留下偏头疼的毛病。

在东莞当记者时，是最无畏的 4 年。记得采访的第一单猛料，是暗访塘厦一个家具厂用测谎仪对员工心理测试裁人。

头一回暗访啊，以为会很刺激。办了张假身份证，和男同事李平假扮兄妹去应聘打工。进了工厂后激动得发抖。结果，面试时当场就被拆穿是用的假身份证，差点没被当众拖出去。

跑民政线时，很喜欢去殡仪馆挖料。一次为了守独家，藏在了殡葬车的旁边，眼见车上尸体的两只脚还露在外面。

跑人才市场时，有次做外来工性困境调查，捧着一摞性问题问卷在人才市场里见人就发，引来不少异样的目光。

跑市委市政府，开会时官员讲的都是土话，压根儿听不懂。和一些难搞掂的本地官员打交道，好几次抹着眼泪走出政府大楼。

东莞就像是一扇门，你必须在你精力旺盛的岁月里，尽可能积极地生活，尽可能多地去尝试和不同角色的人打交道。走进不同的人生、体验各种不曾有过的经历，这是我觉得做记者时最大的兴趣所在。

人生第一个“10 万 +”

因为工作原因，我被调回广州做编辑。相对于记者的奔波，编辑的生活稳定而枯燥。

2015 年，毫无准备地，意外迎来了我的职业转型。这次转型，有未曾预料的诸多结果。

要在移动互联网 + 的大潮下变革升级，报社成立了移动媒体部，我成为第一批从夜班转做新媒体的编辑，俗称第一批“小白鼠”。

那时，南都 APP 刚成立，做报纸的一帮老编辑“摸黑起步”，PS 没摸过、H5 更不懂是啥。新闻生产模式重新改造，纸媒架构下 APP 的发展没有任何模式可以参照。南都 APP 更像是个创业团队，每个人都打了鸡血一样。

新媒体编辑是个很“困身”的岗位，时时刻刻被捆绑在电脑前，没有固定的下班时间，很少有完整的个人时间。激情会褪去，那么对这一切的合理解释，就是：责任！

首先，是点击量的“刺激”。

做报纸没有这种感觉，稿子发了就是发了，不会有这么直接明了的阅读量反馈。可做客户端，数据赤裸裸地摆在眼前。一开始，很多稿子点击率都只有两位数，大部分还是自己和记者点的，阅读量能上千就很不错了。

做新媒体的，最诱惑的数字就是“10 万 +”。南都 APP 渐入正轨后，我也迎来了人生中第一个“10 万 +”。

这篇稿的标题我记得很清楚：《马云来东莞啦，书记市长一起作陪》。当时马云刚刚晋升首富，风头正盛，我们第一时间抓住了名人效应，从朋友圈的信息核实之后再整合之前他拜访东莞的过往，先抢了首发。

于是“小白鼠”有了经验：面对热点一定不能等，要想法子抢占先机，新媒体与报纸不同，在信源确凿的情况下就要抢发，独家和时效是传播的两大法宝，互联网时代有了第一就没有第二。

“100 万 +”又是怎么产生的

有了成功经验之后，就有了后来第二个、第三个“10 万 +”。南都 APP 也慢慢步入轨道，不断有好题材涌现，如“寻找导盲犬万福”“多图

年度秀 2

作品名称：直播惠东大火彻夜救援

刊载媒体：南都 APP

发表时间：2015 年 2 月 17 日

作品影响：在所有人认为这只是一场小火灾时，只有南都 APP 预判准确，迅速开启直播模式，独家直播彻夜救援超 12 小时，次日清晨 17 人死亡的结果令人震惊。一场直播牵动了惠东一座城，点击率超百万。

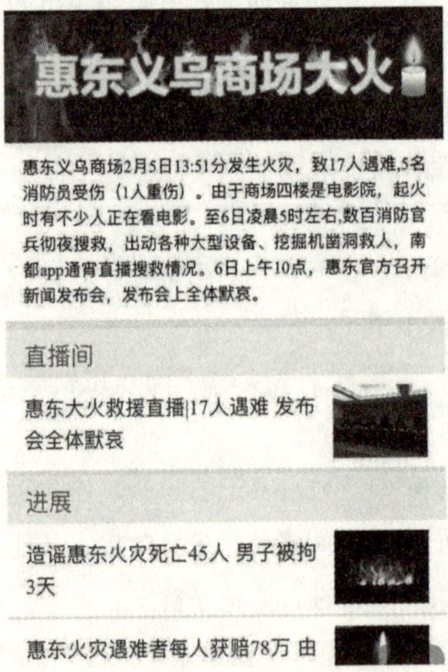

曝光白天鹅重新开业”都是新媒体传播的优秀个案，还得了南都的新媒体传播奖。

迈过了点击量这道坎，更重要的是角色上的转换。

报纸编辑和记者是分工协作的关系，你写完稿子给我，我再编。但是作为新媒体编辑，面对一个新闻事件时，编辑和记者是同时参与其中。比如我们在报道两会时或报道某一个突发事件时，通常的做法都是拉个群，记者随时在前方反馈信息，编辑在后方判断什么点适合发即时新闻。

我觉得这是件很有趣的事，就好像你也亲临采访一线、也在面对形形色色的采访对象一样。这时候，编辑的角色需要的参与度更高，要去主动发现热点。

比如年初在报道东莞两会时，有这么一篇爆文《东莞两会“超级富豪”组大佬们太低调频冷场》，在网上首发后影响力非常大，跑会记者陈静在现场第一时间反馈信息，大佬们的一举一动就像同期电影一样“映射”在我眼前，当时就合计提出，专门以东莞富豪为角度写了一篇很赞的会场特写。编稿时也采用了类似于大佬出场的话剧场面，形式感很好，是我很满意的一篇稿。

刚讲的都是能够预判、提前谋划的题材。但实际上在做新媒体时，一些“大战役”往往是突发题材。比如 2015 年 2 月发生的惠东大火，烧死了17个人；又比如2015年12月发生的深圳光明滑坡事故，这两单都是通宵直播，都成了点击率“100万+”的题材，非常难得。

尽管都是突发题材，但还是不同的。但是惠东大火，其他人都以为这只是个平常小火灾，只有我们第一时间启动了直播，派出记者彻夜跟进救援过程。

前方有两个记者——文字祝勇、摄影田飞，层层突破满场飞，最终一场直播牵动了一座城，连现场指挥救援的政府官员都在随时刷我们的直播贴关注进展。

所以，在面对重大新闻时，快速的临场反应、准确的新闻判断是非常重要的。这一点对新媒体尤其重要。它是一种判断力，即在给定的时间限制下，选取最恰当的方式披露给用户。

不过，讲真的，做直播是最累的。但我能告诉你吗？直播也是最过瘾的。记者在一线“拼杀”，我在后方滚动呈现，这时候好像你也在亲临现场，这种做新闻的感觉是非常爽的。

看，那个人好像一只数据狗哎

新媒体做久了，很容易会成为“数据狗”，做梦都想着哪篇成了爆文，涨了多少粉。自从我接手部门公号“深圳大件事”以来，这样的

年度秀 2

作品名称：深圳重疾险系列报道

刊载媒体：“深圳大件事”微信公号

发表时间：2015年11月1日

作品影响：一则报纸看不上的“豆腐块”，被编辑慧眼识珠改造成“人话版”。南都“深圳大件事”公号独家报道深圳重疾险参保指南，单篇贴阅读数高达206万，平均每7个深圳人中就有1人读过此文。四篇系列报道共创造了260万+的总阅读量。一时间，深圳各个社保分局窗口都是排队办理的人。深圳人社局专门给南都发来了感谢信。“有用性”这一传播要诀，在此报道中被诠释得淋漓尽致。

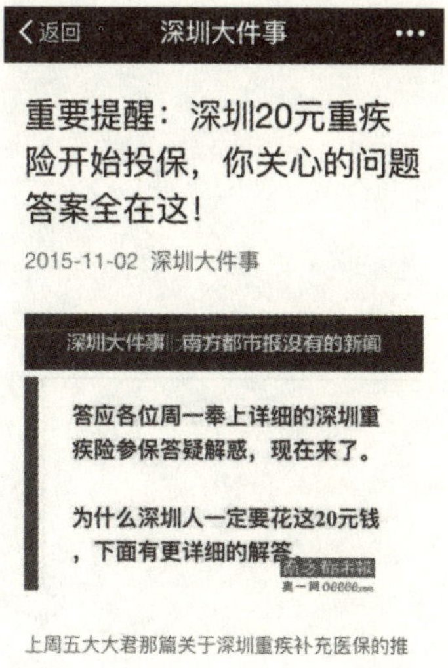

年度秀 2

作品名称：《对不起，你已被踢出深圳》

刊载媒体：深圳大件事微信公号

发表时间：2015年9月13日

作品影响：一个粗暴的标题，几段触目惊心的排比。勾起了上百万深圳人对这座城市过去一年疯涨的房价、拥堵的交通、高昂的生活成本的无奈与愤怒。2015年，深圳买不起的房、摇不起的车牌，让深圳人叫苦连天。“深圳大件事”公号抓住当时深圳房价连续几月暴涨的热点、将新闻事件用网络形式包装，推出原创稿“对不起，你已被踢出深圳”，几大问题深深戳中深圳人的痛点，当晚即刷爆朋友圈，24小时内成为点击率近百万级别的爆文。

焦虑症愈加严重。时刻刷手机找选题，生怕错过了什么。

媒体账号有个特点就是打开率都偏低。如果说一个账号正常的打开率是20%的话，媒体能有10%就不错了。这和那些自媒体号不能比，南方大院里走出了好几位自媒体牛人：咪蒙、黎贝卡、深八影视圈……这些公号大神，每篇推送都是“10万+”，太美妙的一个数字！

我现在每天有个习惯，查看昨天甚至前几天深圳本地公号每篇文章的阅读量，通过筛选，就能知道用户的喜好。观察久了，思维会渐渐从传统媒体提供内容的角色转到“如何以用户为核心”，渐渐在内容的选取方面就会往这方面倾斜。

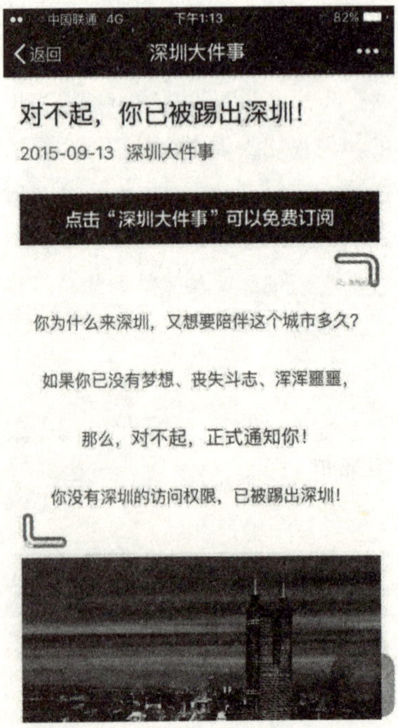

具体到微信上，抄袭成风、段子手走红、毁三观的文章更到处都是。这种情况多了，我们会有种错觉：是不是一定要这么做，才能有立足之地？

我始终坚信一点：好的内容，依然有穿透力。我们的微信公号，只是我们原创内容传播出去的渠道之一，依托的始终是一线记者原创生产能力。有好内容、硬内容，然后再用适合新媒体传播的形式给予整合包装，抵达用户那里。

有个深圳的自媒体大号，不止一次地跟我感慨："你们有资源。"是啊，没错，我们虽然在这个领域起步晚了，但是我们有自媒体无可比拟的生产原创优质内容的能力，所以更要坚持内容生产者的底线。等我们再强大一些，那么我不用跟热点了，我就是热点；我不用按规矩了，我就是规矩。

做新媒体编辑，既要有记者的敏感度，又要有文案人的文字水平。其实这个工作就是一个积累经验的工作，别人说再多，不如自己多实践。

2015 年 9 月"深圳大件事"公号曾经做过一个专题：深圳 20 元重疾险系列报道。当时原本只是报纸的一个"豆腐块"，看到报题后拿来重新改造成"人话版"，用现在流行的话来说，就是用户体验好。

结果当晚在公号首发后点击量达到了"206 万 +"，每 7 个深圳人当中就有 1 人看过此帖。一时间社保分局都是排队办理的人，深圳社保局还专门给报社发来感谢信，带来了后续的几次合作。

依托好的内容，半年以来，"深圳大件事"逐渐有了知名度，粉丝已经超过了 11 万，不时涌现"10 万 +"的爆文。当然，随之而来的是我的焦虑也越来越严重了：如果只有粉丝而没有好的内容支撑，用户很容易将你抛弃。所以更考验内容是否够硬、够用心。

还有一点，公号是很容易让人审美疲劳的。怎么提供持续的新鲜感，这一点很重要，我正在思考。

下一个竞争的领域会是在哪儿？

新媒体编辑是个很"困身"的岗位，时时刻刻被捆绑在电脑前，没有固定的下班时间，有事就需要立即干活，周末也很少有完整的个人时间。

很佩服的是，我身边这些转型做新媒体的同事，个个责任心都相当之强。我敢说，这些人是报社编辑里最拼的一帮人，每个人不论怎么加班，都任劳任怨。

激情会褪去，但对这一切的合理解释，就是：责任。

我理解所谓的责任，尤其是面对重大新闻事件时，要坚持几个原则：

不能缺位，一定要参与，哪怕做不到独家也要有自己的东西；不能犹豫，一定要反应迅速，哪怕做不到首发也要奋起直追；不能懈怠，因为你漫不经心了，记者们就更没积极性了，长此以往互相的信任也就没了。

要知道，你所掌握的这个环节，是不可替代的，是整个报道在移动端唯一的"出口"。你的努力，正是为了前方一线所有工作的一个呈现。所以遇到突发大事件，连续十几个小时直播还能像打了鸡血一样，说实话，我还是蛮享受这种状态的，感觉自己没有缺位，也在一线参与其中。

微信之父张小龙不久前演讲里有一段内容：微信打算推应用号，有可能会取代 APP。2016 年以来明显感觉微信也越来越难做了，红利期已过，涨粉越来越难，很可能明年或者后年就被另一个平台代替。现在纸媒都在移动端发力，APP 似乎也成了转型所谓的标配。但是总觉得会有一种忧虑：现在过多的信息已经对读者造成了信息过载干扰，越来越多的人每天只打开个别 APP 或者微信公众号，甚至不打开了。

但是我们记者的原创内容总需要有个移动端的阵地来承载，那么下一个竞争的领域会是在哪儿？现在都流行一句话："你错过了微博微信，你不能再错过 xxx 了。"微博已经没落了，微信其实我们已经慢了一拍，是不是能够现在就有所准备、有所预见，在下一个平台崛起之前就进驻，而不是在别人都已看到这是块肥肉时我们才醒悟过来？

（作者系南方都市报深圳新闻部首席编辑）

说
年度
3

专业敬业合作 热情拥抱变化

冯悦

2015年3月，李颖和我互加微信，交接工作。她很认真地叫我“冯老师”，我笑着说“不敢”。

这是289大院特有的打招呼方式。

彼时，编辑人员调整，李颖作为报社新媒体编辑中的佼佼者，加入了深圳团队。而我从广州总部调回深圳已半年有余。

此前，我们都曾奔跑在办公室和组版房之间。走廊、楼梯间无数次擦身而过，彼此面熟，但未曾有过交集。

陆续，李颖接过了南都APP深圳内容的更新，以及微信公号“深圳大件事”的编辑工作。“只有你知道，这活干起来有多不容易！”李颖说。

没错，从早到晚，没日没夜，挖空心思想选题，恨不得出门买菜都带上电脑连上Wi-Fi，怕错过了某个大件事。新闻在移动端的传播，只有第一，没有第二和第三，速度最快的获得的关注度，可能是后面所有的总和。这个规律，长久下来给编辑带来的心理压力，可想而知。

广深两地，记者和编辑一年面对面的机会是个位数，沟通基本靠电话和微信。

对李颖印象最深的是，一口清脆的北京腔。她做事的风格，与她说话的语气一样，轻柔，但干脆。

李颖主动、热情，跟记者约稿，行就行，不行就另外想办法，从未见她跟人红过脸，不拖泥带水，不强加于人。待人真诚，不敷衍。跟她打交道很愉快、轻松。

压力都扛在自己肩上，找不到合适的人，就硬着头皮自己上。到了年底，休个假，都不敢有片刻放松，仍在微信群里贡献选题。

李颖作为深圳新闻的“新人”，用她的专业、敬业和超强的执行力，

@柴华：细致的妆容、潮流的服饰，无论到哪儿李颖都有很高的回头率。谁又能想到，这个玲珑剔透的“妹纸”，工作起来却是不折不扣的“女汉子”。2015年惠州大火，她几乎连续工作了一天一夜，创造了南都APP第一个“100万+”的浏览量。2015年12月，她又连续直播五六天，每天只睡五六个小时，短短一两周的时间就为“深圳大件事”微信号增粉两万多。这些骄人成绩的背后，源于每日里她对工作平台和工作方法的细细琢磨。每一次部门的阶段总结，她总能提出让人耳目一新的观点。以至于我们都哀叹：我们刚学会了一个网络新词，人家李颖已经开始抛弃它了。对待生活与工作永不停止脚步的追求，让她总是在超越。内外兼修，让她自带光芒，所以这高回头率嘛，是怎么拉也拉不回来。

迅速赢得了同事们的尊重和肯定。合作愉快，所以李颖在记者中，很受欢迎。

说她是南都最出色的新媒体编辑，都不为过。李颖谦逊，从未见她主动说起自己所创造的纪录。

2015年2月6日惠东大火，李颖的直播阅读量超过百万，创造了南都APP的纪录，还获得报社的奖励。

2015年9月13日“深圳大件事”推送的《对不起，你已被踢出深圳》一文，作为编辑的李颖，亲自操刀采写，阅读量超过百万，创造了南都各级公号的纪录，至今无人能破。

2015年12月，“深圳大件事”连续多日直播，记者轮番上阵，编辑只有李颖一人，从更新的时间看，深夜12点，凌晨2点，凌晨4点，那两天，李颖几乎彻夜未眠，同事们说她真是铁人。

这些成绩的取得，并非偶然。她的手机微信，添加了深圳几乎所有有影响力的微信公众号，时刻都在琢磨选题、研究文本。

李颖加入深圳新闻团队的这一年，可以说是报社变化最大的一年。这一年，传统媒体的生存环境在变，同事们的工作内容不时调整。

从报纸版面编辑转型新媒体编辑，传播渠道变了，从选题、文本写作到工作方式，玩儿法全变了。

都说拥抱变化，谈何容易。

南都新闻工业化流水线的生产方式，分工细致，任何变化都意味着要重新学习。长期高强度的工作，人仿佛一辆高速前进的列车，转向，向哪转，转了怎么再跑起来，还要跑得快，未来的不确定性，适应变化而产生的焦虑感，让一些人终日心惶惶。

在报社转型的非常时期，在李颖身上，我们看到了拥抱变化的应有姿势：专业、敬业、合作，全情投入，多思考，重实干。

（作者系南方都市报深圳平台O2O首席运营师）

张东明点评

从报纸记者编辑到新闻客户端操盘手，李颖的平滑过渡，至少可以证明，新闻“老人”转身新媒体是有其天然优势的。这优势，包含知识、经验和社会资源的积累。如不利用发挥，积累再多也将清零。但新媒体毕竟有其独特的传播规律，要适应和运用它，就必须像李颖一样老老实实地转变新观念、学习新知识、恶补新技能。否则，传统媒体人就赶不上时代的脚步了。

2015 年度记者

拓

商西

个人简历

2010年毕业于北京大学新闻与传播学院，同年进入京华时报，做了1年热线记者、3年时政记者。2014年6月成为《南方都市报》北京新闻中心的一员。在同事眼里一直很靠谱，在朋友眼里一直“不靠谱”，是一个矛盾综合体。

2015年度记者 入选理由

在多个中央部门开拓疆域，以报道质量、尤其是同题报道胜人一筹的能力赢得信任，在司法改革、信访改革等重要事件的关键节点有独到的观察，尝试用新媒体呈现严肃的政治话题，参与制作的动漫视频、H5等获广泛传播。

年度说 1

看见一种热爱

觉得自己离年度记者还有距离。

稿子憋了很久，不知道怎么写。

就当是感谢吧，感谢这一路上遇见的人们。

做这行“让我看见了别人的生活”

不知不觉，做记者进入第 6 个年头。

和一些老早就笃定将来非做记者不可的同行不同，当初找工作用了排除法:不想做公务员、不想去企业，小黑叉划了又划，记者似乎是唯一的选项。

犹记得毕业散伙饭上，与师友聊起，觉得自己有些内向，也许不适合做记者。他们却说，你很适合。“很”字还用了重音。我将信将疑。

第一次去报社实习，没有指定的老师。因为害羞，我总是一个人默默坐在角落里看报纸。有次一个老师让我写了个稿，把我叫过去问：“你这写的是散文，还是新闻？”

后来，又有几个老师叫我写稿，发现这个小姑娘学得很快、愿意跑、性格也好，我便渐渐成了办公室里最抢手的实习生，到走的时候和每个老师都有过交集。

这也是唯一一次实习。毕业工作，直接就做了热线记者。

第一次去现场，是大夏天，小区断水，居民堵了 3 天路，我和一个比我早入职的同事一直守着。区领导终于来了，拿着喇叭向居民喊话，然后绕小区转了一圈。同事径直走上前，一路跟、一路问，落落大方，毫无惧色。尽管区领导没搭理她。

这是我对采访官员的第一印象。

这一年遇见的，更多是普通人。

有个中科院研究员的妻子因为一点纠纷和邻居吵架，不小心流产，见面后却跟我聊起自己在日本留学的故事，还问我：“你的理想是什么？”

有对东北夫妇，儿子得了白血病，为用脐带血给儿子治病，又生了一个女儿。几年后，乖巧懂事的女儿也查出白血病，一家人卖房借钱，进京求医，孤独无助。

有个台湾女记者，连续11年在四川麻风病村建学校。她对我说，父辈的病，不是麻风村孩子的命。瘦弱的她就这样改变了很多孩子的命运。

这些偶然相遇的陌生人，让我看见了别人的生活。

跑时政线学会与官员交流交友

第二年，我做起了时政记者。很长一段时间，都不太适应，不知道怎么和政府部门打交道、怎么和官员说话。跑了3年，和跑口单位的关系，大抵是若即若离。

不熟谙官场的逻辑、不了解中国的现状，对一些政策的解读难免隔靴搔痒；对一些政治现象的观察，也十分有限。

只有了解，才会理解。而基于理解之上的批判，才有推动更多对话的可能，才有建设性。这个过程就好比在探寻中国政治传播的新尺度过程中，亲手刻下了一道印记。

直到进入南方都市报北京新闻中心，基于前任们打下的基础，我走进了一些看上去颇为神秘的部门，逐渐构建起对“时政”的理解力。

2015年，从一次难忘的出差开始。

很少在媒体上抛头露面的国家信访局，主动邀请记者全程参与信访实地督查。这在以前是没有过的。我和同事程姝雯跟随福建督查组出发了。

听说中央督查组要来，地方上本来就紧张。看到《南方都市报》记者，更是有些不解和抵触。

“这个信访人在拆迁现场扔了两颗自制的手榴弹，一颗哑了，一颗爆了，你们真要去见？”在福建莆田，姝雯所在的小分队遭遇当地官员“发难”。

“当然要见！”组长毫不犹豫，还特别叮嘱两名组员一左一右护送记者。

事后姝雯说，当时暗暗捏了一把汗，结果发现扔手榴弹的并不是这个信访人，有惊无险。这个细节后来被写进报道《南都记者揭秘中央信访督查全过程》。

10天起早摸黑、同吃同住，我们和督查组成员逐渐熟悉，不管是实地察看、面见信访人、与地方政府会商，还是“批评与自我批评”的内部碰头会，都拉我们参加，听我们的意见。

年度
秀
2

作品名称：《习近平挥棒“打虎”卡通形象亮相　群众路线动真格，当官的真怕了吗？》

刊载媒体：《南方都市报》

发表时间：2015年2月20日

作品影响：报道见报当天被各大门户网站首页头条转载，评论数万；3个动画短片几天内在国内主要视频网站上的点击播放次数超过700万次，《人民日报》海外版微信公号撰文认为短片“尺度远高于春晚相声”，新华时评追评《动漫短片热传中的民意期待》，境外媒体纷纷引用报道进行跟踪报道，BBC发表《习近平卡通漫画网络走红》，《南华早报》指出，中国官员通过用更轻松、更具吸引力的方式来讲严肃的话题。

NEWS 重点

群众路线动真格，当官的真怕了吗？

三个系列动漫短片网上热传
习近平挥棒“打虎”卡通形象亮相

回京前一晚，大家坐一起，谈信访工作的难处、谈对信访改革的看法，一直到深夜。起初对我们并不欢迎的当地官员，笑着说，你们来我们这儿开个记者站吧，随时为你们准备办公室。

那是我第一次觉得，政府官员也是普通人，有着生活中的喜怒哀乐。

在探寻时政传播创新中刻下印记

这只是国家信访局揭开神秘面纱的一步。

打那之后，我们又参与记录了国家信访局的第一次媒体开放日、第一次邀请全国人大代表和政协委员走进国家信访局、第一次举办全国信访系统新闻发言人培训班。

老百姓写给国家领导人的信怎么处理？在媒体开放日上，我问到了一直好奇的答案，写了揭秘稿《国家信访局每天收信约2000件　三分之二写给国家领导人》。

在7月的信访改革推进会上，有地方信访局长读了《信访改革不是自我削位而是归位》后对我说：“你很了解我们的工作，我觉得信访改革还有这么几个难题……”

也是在那次会上，国务院副秘书长、国家信访局局长舒晓琴主动邀请记者一起吃饭，席间对我们说：“我女儿也是记者，你们的工作很辛苦，也很重要。”

再后来，我发现，一些此前官方语境中的“禁区”，比如信访总量、进京上访、非正常上访等问题，开始“脱敏”。

但我慢慢觉得，只有了解，才会理解。而基于理解之上的批判，才有推动更多对话的可能，才有建设性。

过去一年，主动揭开“神秘面纱”的，不只是国家信访局。

比如中共中央对外联络部，连续两年请我们报道“中国共产党与世界对话会”，会上专门讨论执政党的建设和治理问题，“尺度”之大有时令人惊讶：中国共产党自身如何改革？高层权力出问题谁来查处？

比如2015年最后一天替同事参加国防部例行记者会，提了解放军总后勤部政委刘源上将是不是已经退役的问题，发言人予以证实。

年度秀 2

作品名称：《“中央巡视组不办案，巡视没有指标”》

刊载媒体：《南方都市报》

发表时间：2015年3月4日

作品影响：2015年两会，在山西“塌方式”腐败背景下，山西团气氛压抑，中央第十巡视组组长令狐安是最先接受媒体采访的代表，整整3个多小时的采访，揭开中央巡视工作的神秘面纱，也让一个个性鲜明的部级官员形象跃然纸上，报道被广泛转载。

NEWS 重点

2015全国两会 TOP访问

全国人大代表令狐安详解中央巡视工作经历

“中央巡视组不办案，巡视没有指标”

谈巡视工作

巡视无指标，否则会出冤假错案

谈山西

山西塌方式腐败，意外

谈科研腐败

把科研经费洗到自己兜里最可恨

会上还抖出一堆猛料，包括中国首艘“国产”航母正在大连建造、26集团军军长张岩与老部下喝酒致1人死亡被免职等。

偶尔，发现自己好像还成了一些政治生态变化的亲历者。

比如花4个月时间查资料、做策划、写脚本，与朝阳工作室合作推出三个动漫短片《群众路线动真格了》《老百姓的事儿好办了吗》《当官的真怕了吗》，一时网上热传。短片中习近平挥棒打虎的画面、七常委的卡通形象，均为此前鲜有。

在这个过程中，让我惊讶的是，原以为保守的一些部门和官员，远比我想象的开放。短片出炉，就好比在探寻中国时政传播的创新过程中，亲手刻下了一道印记。

在纸媒寒冬中感受对工作的热爱

一直觉得，做记者最大的诱惑，就是每天都能遇见不同的人和事，如同读到一篇精彩奇异的短篇小说或跌宕起伏的长篇小说，经历温暖又百感交集的过程。

也一直觉得，做记者常常受益于陌生人的善意。在他们失意、悲痛时，仍愿意和你说话；在深夜电话骚扰时，不仅没有生气，还耐心给你解答；在冒昧敲门打扰时，把你迎进屋，给你倒一杯热茶。

5年过去，采访本上那句“宁鸣而死，不默而生”有些褪色，社会瞭望哨和守望者这样的话很少想起。

“纸媒寒冬论”说了好多年，真的置身其中，反而像在台风眼，跳不出来看整个漩涡。

有次临近午夜，蹭部门领导彭美的车回家，一路上说起最近遇见的人。几天前，她参加了一个媒体聚会，听到从央视离职的张泉灵发言说：“世界正在翻页，如果我不够好奇和好学，就会像一只蚂蚁被压在过去的一页。”

“不知道你有没有这样的感触，反正我是有深深的恐惧的，生怕自己落在了这个时代的后面。”彭美说。一时，车里陷入了沉默。窗外闪烁着北京东三环的灯火。

这一年，有人离开，有人留下。从他们中的一些人身上，我看见一种热爱。

（作者系南方都市报北京新闻中心记者）

说
年度
3

论南方姑娘在北方的优势

程姝雯

一直没想明白，这个曾梦想去海上给灯塔当保安的姑娘，怎么上了记者这艘船——大学念的也是出版专业啊。

第一次见商西，是 2014 年的夏天。天热穿得少，瘦瘦小小的商西走进餐厅时，显得她既单薄又孱弱。她说话也挺小声，柔柔怯怯的，完全跟此前对女记者的认知搭不上边。

脑海中“女记者”的形象，要么是彻头彻尾女汉子，要么豪爽性子“该出手时就出手”。柔得像南方邻家妹子似的，真不多见。

后来一问，商西果然是南方姑娘，老家在浙江绍兴。

跑线没半年，商西在圈内混得风生水起：某部委此前对我们颇不放心，她去了几次发布会，从此就认定她做固定联络人了；某部门从没打过交道，她发了几次采访提纲，竟然主动要求我们多多联系、最好能长期跑线；就连最硬最难啃的政法系统，她也逐渐打开了局面。

我想不明白：“搞掂”这些部门，一般都要费好大力气，商西是怎么做到的?

一次帮她发采访提纲，“窥探”到了门道。发提纲那天因为心情尤其好，轻言慢语客客气气地请对方“给个信号”，结果被一顿夸赞：你们南都的姑娘们，说话怎么都这么客气这么好听？前两天你们商西联系我，也是特别好……（之后 5 分钟都在夸赞商西说话客气好听有礼貌有耐心。注：“对方”为女性。）恍然大悟：原来，南方姑娘这种温软的性格，到了北方，优势格外明显。此后，遇到审稿、催稿等等难沟通的活，统统请商西出马，她一般也都会用她独特的方式统统“搞掂”。

跟商西有了越来越多的合作，才明白她能“受欢迎”不仅是靠“气质”，更多的是用心。

十八届四中全会后，中联部召开吹风会解读会议精神。尴尬的是，当时有关四中全会精神的解读已是铺天盖地，各路人马都在做解读和宣讲，

@吴斌：外表看似柔弱，实则拥有一颗强大内心。这是我对商西的最深印象。有一次大家相约去滑雪，滑腻了初级道之后，一起去挑战中级道。刚上道，我们就一齐吓尿了一样地摔在雪道上起不来，挣扎了大半天之后。一个教练经过，顺势把我们带下山，只有商西一人凭着一种天大困难摆在眼前都能笑纳的平静，滑下山。平时采访，我也经常听同行抱怨哪个专家难对付，或者一些只愿意面聊的学者，商西似乎都通过电话就能采访到。想来也只有那句老话可以解释：天助自助者吧。

这种吹风会怎么写新闻?

商西换了一个视角观察，发现这是中联部在中央全会后首次主动对外“吹风”，而且请来的不仅有国内媒体，还有更多外媒、在华境外人士。回来后，她决定从这个视角写一条时政意味更浓的观察稿，而不是一条简单的某年某月某日某单位召开一场吹风会的消息稿。为了把观察的意味表达得充分又贴切，她在电脑前“憋”了四五个小时，2000来字改了3遍，补充了大量现场细节和背景资料，最后才交稿。这篇《中共不满足外媒中转 将主动传播一手信息》见报后，迅速被各家门户网站转载，也成为本报时政观察稿中的范文。

2015年年初，我们跟某部委去地方督查，这是该部委第一次带媒体随行。在我看来，媒体是以观察报道为主，督查是部委的活，但在出差中，商西不仅帮着随手整起相关资料，督查结束时，她还从媒体的角度对督查工作的改进提出相关建议。就这么“不分彼此”地一路走下来，她和督查组工作人员都结下了“革命友谊”，到现在，带队的副司长还常请她去商量宣传报道计划。

时间长了，你会越来越多地喜欢上这个用心生活和工作的姑娘：她常会看到生活中一些细小的温暖和美丽，拍下来发在朋友圈里；也常会在某个节日给你带一份意外的惊喜；还常会帮你发现稿件中细小的错误，赶在交稿前向你指出来。

这也是为什么，她能在全国两会上，每天一边堵部长一边发快讯，每晚再写两到三个版的重磅稿件，还一直保持稿件既出彩又稳妥。

不过对于稿件的出彩，商西倒一直是淡淡的。

就如前两天，听说被评为“年度记者”，她也是说“其实觉得自己离年度记者还有差距呢”，“要加油，再接再厉”。

这让我想起，她常常拍下美好的风景，只是 MARK 一句“路过”，却常在某个时刻自省“不好好学习以致肤浅难当”。

（作者系南方都市报北京新闻中心记者）

张东明点评

地方媒体驻京记者，连接的是庙堂，喊话对象却是普罗大众。“胸怀全局、回应关切”可不是拿来说说的。要有强烈的问题意识，不断地研究重大问题；要吃牛一般的苦，长时蹲守，快速、准确、全面地发出消息。要进行一番又一番的同场竞技、要采写一篇又一篇高端接地气的报道，让人须臾不敢懈怠。成天行走于新闻富矿中，能够抓到高价值的新闻，才是本事。没有强烈的责任心、没有过硬的突破能力、没有拼搏的劲头，商西能在竞争激烈的京城新闻圈中立足吗？

2015 年度记者

掘

王佳

个人简历

南方都市报深度新闻部首席记者。毕业于中国青年政治学院新闻与传播系，2008年经校园招聘进入南方报业传媒集团。做过记者，也做过编辑；跑过地震，也跑过全国两会。

2015年度记者

入选理由

85后记者，敬业、有激情、有干劲、新闻业务一流。统筹南都即时，新媒体平台弹窗频频，延续南都全国影响力。做调查，庆安枪击案、高考替考卧底，接连有大稿轰动全国。从南都深度首席记者转型带领广州突发团队后，短时间重塑广州社会新闻。推进品质传播，孜孜不倦地实践和传承“担当、创新、包容、卓越”的南方报业精神。

年度说 1

是的，我还在

从业这些年，我采写过的人不少，部长、班长、厨师长，男人、女人、变性人，唯独写自己较少。我也从来不写日记，因为在我看来，记忆本身是一种负担，让人身未动，心思重。尤其身处传媒这个行业，干两年似乎就成了业界资深，更易为经历和经验拖累。

所以，接到年度记者的自述任务后，我磨蹭了很久，想想我到底说点什么。

学生时代就想做记者

既然是自述，不免先要做一番自我介绍。在成为记者的道路上，我几无曲折的故事可讲——20世纪80年代，我出生于鄂西一处城乡结合部，直到上大学，我都在那里生活。对，就是传说中最适合未来记者野蛮生长的城乡结合部，见过一些世面，却也十分草根。两种不同的生活方式和价值观在此交融，隔阂清晰而明了，影响了后来我看待事物的方式。

我对新闻最初的认识，来自我爸订的一些报刊——除了省市党报，还有些早已退出市面的新闻杂志。此外，就是发端于20世纪90年代、至今仍被怀念的一批央视新闻节目。以至于2015年我读到讲述央视已故媒体人陈虻的那本书《不要因为走得太远而忘记为什么出发》，忽然感到十分亲切。

与南方报业的感情，联结于《南方周末》的黄金时代。大学毕业求职时，我成了南方报业的万千追随者之一。那时，每年网上都有吐槽南方报业难考的“面经”流传，有人还为此由爱生恨。所以拿到289大院的offer后，那种兴奋的心情，我记得不亚于彩票中了500万，也压根就没有再考虑过其他的去处。

入职第一年就成为“稿王”

入职后，我被分到了《南方都市报》，然后去了东莞站。抱着做大新闻的梦想进来，结果每天采访打打杀杀、甚至是鸡毛蒜皮的纠纷，落差有，苦涩也有。还记得我有次正为此神伤，接到一个爆料电话，对方告诉我广深高速发生一起严重车祸，有人死亡，“头向着广州的方向……”当时我就想，我也天天向着广州、289 的方向啊，什么时候才能召唤我去做大型采访呢?

幸运的是，我遇到了一个好领导——南都时任东莞新闻部主任王海军。他告诉我，东莞活色生香，沉下来大有可为。他还说，不要有踩线的顾虑，对新闻要有“玩”的心态，从题材到写法要敢创新。我在这种鼓励中，入职第一年即成为同事口中的“稿王”——发稿 1000 余篇，62 万字，稿费 19 万，同时不断有报道在网上获得海量跟帖，一时信心大增。

好的报道需要一定的专业技术、一定的运气，再加上一点点理想。在一个谈理想已经有点奢侈甚至矫情的时代，这么说一定会有人笑了。无所谓，反正我暂时还没发现比做新闻更有意思的事。

时政和社会新闻的基础训练做完后，我很快得到了一些机会，包括参与玉树地震和全国两会的采访。这两类大型采访很不一样，前一类辛苦自不必提，在玉树十多天没吃过热饭，天天靠饼干和牦牛肉干过活，难点在于如何在媒体大军中选择独到新闻点。但相比之下，我还是觉得采访全国两会最考验人，尤其对于我等“无证记者”，混进会场不被清理便已不易，在这种情况下还得尽快熟悉代表委员、熟悉他们所处的行业领域，然后快速完成访谈。

一枚“万金油”，这就是我长期留给很多同事的印象。

后来很长一段时间，我一直在思考的问题之一，就是怎么做能“专”一点。

在我看来，做记者很大的一个困难，就是应付常有的焦虑：没新闻的时候求猛料，有了新闻又求比别人做得快、做得好。尤其对我这种急性子来说，这种焦虑更是致命。2011 年夏天，我最终感到难以应对，申请转岗回广州，然后我就去深度新闻部做了“网眼”版编辑。

很多人认为做编辑没有做记者有成就感。但我很快发现，编辑其实有很多施展的空间，尤其是在“网眼”这样一个动态追踪的特色版面，做什

年度
秀
2

作品名称：庆安枪击案系列报道
刊载媒体：《南方都市报》
发表时间：2015 年 5 月
作品影响：报道连续披露了徐纯合母子的上访事实、铁路部门事后支付 20 万元救助款、庆安县副县长慰问开枪民警、庆安县多名官员遭“人肉”，最后以一篇实地走访枪击案现场、专访开枪民警李乐斌的调查报道收尾，也让南都在庆安枪击案的发酵过程中步步紧追，从未缺席。

么、从哪个角度做、谁来做，有些热点同行做了，我们跟进还是放弃，编辑有着很大的权限。当然，更关键的是，这个岗位让我从疲于奔命的采访和写作中适当抽离，有机会深入观察和研究舆情走向，从而更好地捕捉网络热点。

由此，我开始把研究网络舆情作为自己“专”的方向。

慢慢我摸出了一点门道，所以后来“网眼”这拨人转为南都即时新闻组，由报纸发稿改为在新媒体平台发稿时，我们几乎没什么适应期，也不需要。

此时，我的身份也成了即时组的统筹，从找选题、布置选题、编辑发稿，到向各大网络新媒体平台推销稿件，我都揽在身上。对于网络热点的全流程跟进，由此也更为彻底。

A08 09 深度

庆安枪击案：检方认定开枪依规合法

村支书王淑华称是她提出铁路局给死者家属20万元

进站之前

是否截访

事件升级

检方认定

善后风波

作为江西替考案卧底记者的思考

2015年6月，我迎来了迄今为止最惊心动魄的一次采访机会，与同事一起曝光高考替考团伙。当时，这个选题我们已跟进了好几个月，分管南都深度的编委虞伟也一直在做精心部署。但事实上，我跟另一个卧底记者出发去武汉与替考组织成员接头时，抱的是一种很轻松的心态。原因就在于，过去媒体对高考替考已有不少报道，但几乎全集中在事前和事后，关键的替考过程一直是缺失的。所以，哪怕我们做好了准备，还是隐隐觉得搞不好会黄。

预料会黄，反倒没了压力。

结果出人意料，我们去跟替考组织成员接头的时候，对方就表达

年度秀 2

作品名称：《南都卧底替考组织 参加高考曝光跨省团伙》

刊载媒体：《南方都市报》新媒体

发表时间：2015年6月7日

作品影响：此报道舆论监督效果突出，事后江西有关部门一次性处理了42名人员，截至2016年1月，其中12人获有罪判决。另有多名替考人员受到拘留、开除学籍和禁考等处罚，同时亦促进了替考罪入刑。该报道还提升了传统媒体采编人员的信心，在业界、学界被定义为传统媒体运用新媒体完成新闻传播、传统媒体通过优质原创报道重获影响力的标志性事件。

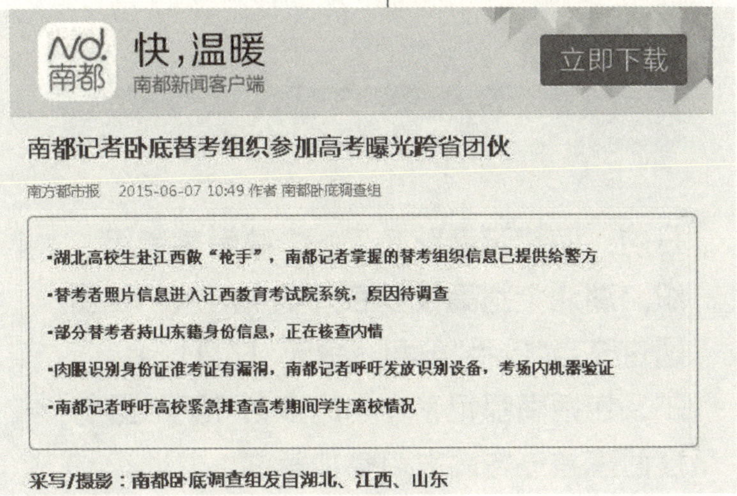

南都记者卧底替考组织参加高考曝光跨省团伙

南方都市报 2015-06-07 10:49 作者 南都卧底调查组

- 湖北高校生赴江西做"枪手"，南都记者掌握的替考组织信息已提供给警方
- 替考者照片信息进入江西教育考试院系统，原因待调查
- 部分替考者持山东籍身份信息，正在核查内情
- 肉眼识别身份证准考证有漏洞，南都记者呼吁发放识别设备，考场内机器验证
- 南都记者呼吁高校紧急排查高考期间学生离校情况

采写/摄影：南都卧底调查组发自湖北、江西、山东

了势必成功的决心。他们甚至发了十几斤各科备考试卷。不过，自打领回来之后，就扔在宾馆里没动。当然，即便看完了，我相信他压根也无法再考上大学。我作为掩护，与他在6月5日晚登上列车，而虞伟带领的后方团队，早已驾车从广州出发，他们将在南昌接应。

那是一趟混合着方便面和汗臭的列车。与替考团伙有说有笑，潇洒吃着盒饭。因为担心跟丢，我不敢轻举妄动，一路饿着肚子。为逃避监控，还故意与我装作不识，那是我见过的丫最冷若冰霜的时刻，以至于我在想，这小子是不是本质上就是个白眼狼。

当然，人生如戏，全靠演技。去了南昌我才知道，无论是在火车站拍摄替考团伙出站的南都摄影部主任潘劲松、摄影记者陈文才，还是6月7日混在南昌十中门口伪装发传单，实则监控考场动态，以选择最佳报警时机的虞伟，都是伪装取证的高手。尤其是虞伟，那几天里，一会儿他是部署本次报道的总指挥，一会儿是通宵改稿的记者、编辑，一会儿又是配合警方调查的举报者。其动作之敏捷、角色转换之多，让我想到了《国产凌凌漆》里的星爷。

这次采访也让我深刻认识到：要做出好的报道、尤其是调查报道，靠

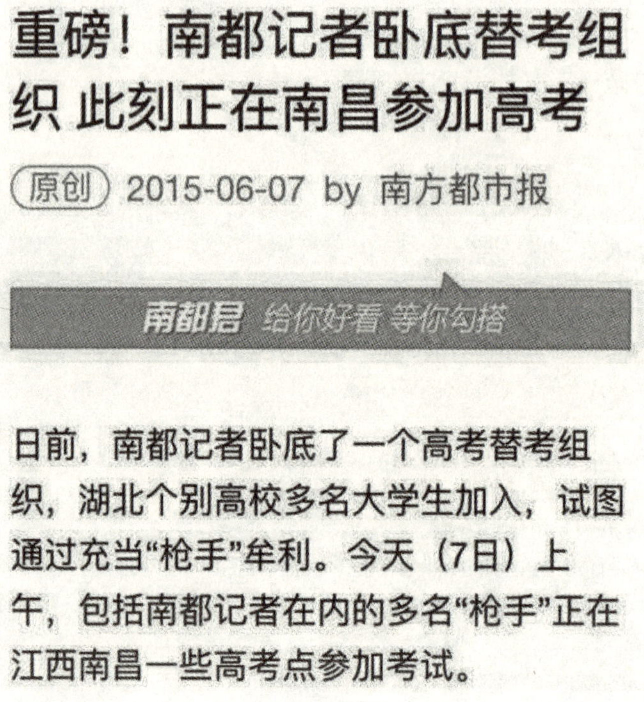

重磅！南都记者卧底替考组织 此刻正在南昌参加高考

原创 2015-06-07 by 南方都市报

日前，南都记者卧底了一个高考替考组织，湖北个别高校多名大学生加入，试图通过充当“枪手”牟利。今天（7日）上午，包括南都记者在内的多名“枪手”正在江西南昌一些高考点参加考试。

单打独斗很难再实现。

后来，这个报道遇到了一些不理解的声音，其中一点就是记者替考本身违法，目的的正义不能抵消程序的不正义。对此，我是这样看的：首先，经过充分考虑，包括卧底记者在内，报道期间未对考场产生任何滋扰，报警是由场外记者完成的，卧底记者暴露后也是默默离开。报道事实上有效促进了考试公平，当天下午，卧底所在的南昌十中即有大批考生缺考。

如今再说起这个报道，我已不再看重拿了什么奖、得到了什么样的评价，因为如此近距离地参与热点事件，感受大场面，并用一篇报道改变很多人的命运，的确是一生都难忘的。

做新闻很有意思 我不打算转行

2015年，除了卧底高考替考，我还做了不少其他类型的报道，比如庆安枪击案。我事发后实地走访了开枪现场和死者徐纯合生活的村庄，专访了开枪民警李乐斌，他捏着浮肿的手对我说“我感到很委屈”；也采访了徐纯合的母亲，她说事情发生后，只想要儿子回来。

除了完成报道本身，我发现，这还是一个极佳的反面舆情应对案例，有太多经验可以总结。为此我专门做了一个PPT，在一些场合作了交流分享。

这一年，我还与公安部建立密切联系，参与报道了华藏宗门邪教案，广东、浙江、福建等省市的地下钱庄案等，行程北至黑龙江，南到珠海，年假也没有休。

9月，根据报社安排，我把视野从国内收回广州，带领广州社会新闻团队开拓题材，转换报道模式。一句话，我还留在新闻内容生产的最前端，每天想的还是怎么做新闻。

不可避免，这种选择和淡定会让很多人困惑——你是脑子笨，看不到传媒行业下滑的趋势，还是没出路，只能坚持老本行？用一位已离职前同事的话说，偶尔有种感觉，那就是不转型都不好意思了。不过，一般我不想解释太多，因为对于新闻，我还有很多事想做。

我一直有个观点，好的报道，一定是能挑逗、乃至挑战公众价值观的。这也是支撑我继续做下去的重要力量，它一方面激发我不断思考，一个热点能引发广泛关注，深层次的原因究竟是什么。对于新闻从业者来说，有没有办法更快地捕捉以及领跑热点，乃至在合理合法的范围内，主动出击制造热点。另一方面，基于这种思考的新闻生产，我相信是很个性化的，无法被机器以及新媒体所取代。至于报道载体，报纸没了，一定还有别的。

例如卧底替考组织报道，看起来这个报道火的原因是记者很疯狂、团队很牛，但我以为更深层次的原因在于，报道向公众揭示了一个真相，即我们一般认为高考是守护中国社会公平的最后一道防线，是草根向上发展的公平通道。可事实上，没有大家想的那么公平。

这对传统观念是一种冲击，而冲击才能引发深入思考，构成相关话题连绵不绝的延展度。

记者靠一篇报道成名的年代，早已一去不返了。不过，好的报道依然稀缺，甚至在渠道日趋多元的情况下更为稀缺。好的报道需要一定的专业技术、一定的运气，再加上一点点理想。在一个谈理想已经有点奢侈甚至矫情的时代，这么说一定会有人笑了。

无所谓，反正我暂时还没发现比做新闻更有意思的事。

（作者系南方都市报深度新闻部副主任）

说
年度
3

特别能干的佳哥

稽石

得知王佳获评南方报业年度记者是在一周前。有一天，他神神叨叨地对我说，帮我写2000字啊，“千万不要吹牛逼，记住。”好吧，为此三天没法动笔，那就随便讲几个故事。

大三、大四在南方都市报深度新闻部实习，我就听说过王佳。初次见面，我差点把佳哥、世宇老师认错，因为他们都很瘦、表情丰富。在此之前，我就听说过佳哥在南都东莞工作第一年，便创下稿费前半年9万、一年19万的历史，所以佳哥有“九万哥”“稿王”的外号。

后来，我还从不同人那里听说过佳哥跑突发、跑玉树地震的故事。据传，佳哥在南都东莞站时，每天早上7点就起来跑突发，中午扒几口饭，晚上写完稿继续跑突发。有时半夜也有突发，周末奔赴另一个城市，还在电话采访。我还听说他当年跑玉树地震，半个月没吃米饭没洗澡，手和嘴巴都裂了。关键是，刚回东莞，一天不休息，他立马投入到了突发新闻中。

这并不是说佳哥只会跑突发，做社会新闻。事实上，佳哥在南都东莞站一天的发稿纪录是12条，从封面写到封底，从社会新闻、时政新闻、人物稿一直写到评论。

也正因此，从南都东莞站来到南都深度新闻部的第一天，见到面色奇白、身材奇瘦的佳哥眉头紧锁地盘踞在座椅上，一时不知该叫王老师，还是“九万哥”，还是“稿王”。佳哥夏天喜欢穿拖鞋短裤，像只猴蹿地一下出现在办公室，又忽然飞走，几步就下了一层楼。他最喜欢从负一楼钻出停车场，从来都行色匆匆。后来才知，他还有个一两岁的娃。

佳哥的工作状态也跟他脚步一样快，一般人很难撵上。在佳哥做编辑的时候，见过他改稿，习惯把四五号字缩小到小五，眉头一锁，目光迅速扫射，键盘噼里啪啦十分钟不到就完事。有时稿子没发，他比记者还急。有时他晚上9点甚至10点发现一个线索，就激动地喊，赶紧。我说明天

@李陵玻：王佳，不到一米七的个头，连火车站保安都做不了，只能在《南方都市报》各部门流窜。喜欢跨界，做记者时是编辑口中的救火队，做网眼编辑时带着小分队闯荡天下，屡出佳作。在喧嚣转型的年代，还有几人能够守住初心，做出暗访高考替考这样的报道？哦，他应该觉得是因为自己有才、任性！

见报来不及了吧，明早再采。他像拔刀一样顺起笔头在纸上划拉几下，这稿子很简单，采这个，再采这个，再整这个，半个版就够。见过他做版，不到晚上 11 点他绝不出手，戴着耳机悠闲看球，有次 0 点才收到近 3000 字的稿，20 分钟改完，半个多小时即签片。

佳哥找选题、找线索的能力也是一流。说话之间，就被他刷出来一个。更牛的是，有时候我们刚拨通 114 找到要采访的机构电话，他就找到了官方部门某某负责人的手机号码。有一次闲得无聊，他给我们演示，如何通过新浪微博、腾讯微博等渠道，通过 A 找到 B 的微博，又通过 A、B 的微博图文场景，来证实 A 和 B 是男女朋友。

不按常理出牌的佳哥，无论选题还是标题，总能击中网友的 G 点，一发出来就是门户最爱。比如贵州有个民办高校新校区落成，挂了耶鲁牛津等世界名校的道贺条幅；比如有个叫“头痛脑壳晕”的网友买了票上不了飞机，佳哥在网眼版打的题就是《有票上不了飞机，头痛脑壳晕……》。这样的标题延续了他拿奖的《这篇硕士论文,呵呵》风格,一贯的调侃之风。

后来佳哥做了即时组统筹，也总能从全国媒体穷追猛打的重大热点事件中找到新的点。发之前就说，快，又要弹窗了——果然，我们稿子一发，就有新闻客户端弹窗。庆安枪击案，我们连续以每天一稿、有稿必弹的频率打了十枪后，佳哥闻风不动，以一篇调查报道收尾。

2015 年夏天，我们在深度新闻部的办公室天天用黄焖鸡就可乐，很快我们又投入到跨省高考替考卧底调查中。本着很轻松的心态，我和佳哥继续协同作战。从武汉去南昌的路上，佳哥是个演戏高手，几个枪手在后面，我把电脑扔到过道旁边的佳哥身上，他也不动声色。

到了南昌，我卧底进入替考组织之后接着演。当时我还不知道后方的卧底调查组全来了，司机洪利驱车载着报道总指挥虞伟、南都摄影部主任潘劲松、摄影记者陈文才。佳哥是与我对接的唯一一人，反馈卧底信息、传达信号、稿件整合全都靠他。一路上，他提醒我不要动作太大、当人面开微信位置实时共享、当面录音，无数次提醒我发完偷拍的资料后，“删！删！速删！”那时我一度有小命捏在他身上、甚至是007与M夫人的感觉。

我卧底进了考场，又被警察带到公安局，一天后出来。佳哥的表现也是奇葩，跟我担心起接下来三个版的稿子怎么分工，稿子如果不能全文刊发，怎么帮我争取稿费。完事喝酒，一桌子人，我俩整啤的，最后我也喝白的，一口闷下我先倒了，是他这个瘦子把吐得不成人样的我拽上床，脱掉衣服。他又担心我滑到地上摔坏，甚至翻身噎死，大半宿他都没咋睡。

一句话总结，稿子若是出问题他会主动挡，报道出了成果，他又坚决退到后方，把更年轻的人推向前台，不得不矫情地说一句，佳哥是个在新闻业务上值得托付全部的人。

平时我俩也常扯淡，但总是三句话绕不开新闻。去广州新闻部当了副主任的佳哥，如今又捣腾出一支精干之师，天天带大家报题刷版。虽说他压力大了、赚得少了，但激情一天未减。虽说黄焖鸡一起吃得少了、可乐也喝得少了，似乎每天都有新的“淡”可以拿出来扯。

一直受全体实习生、尤其是女实习生追捧的佳哥，这次受到报社的认可和赞赏，我们真的高兴。为他、为南都，也为289大院高兴。

（作者系南方都市报深度新闻部记者）

张东明点评

在一些报社激烈争论深度调查部该不该取消的时候，王佳和他的南都同事们以一桩桩影响巨大的调查报道作了回答。一般情况，调查报道在一张报纸中占的比例很小，然而，调查报道往往以其广泛的关注度和强烈的共鸣而成为提升媒体品牌价值的利器。王佳参与采写的江西替考案和黑龙江庆安枪击案报道，都是南都在2015年度的轰动之作。因为有了这些报道，南都特色更加凸显，赢得了社会更多的尊重。

2015年度记者

实

褚朝新

个人简历

湖北人，1979年生，2002年毕业于湖北大学新闻系，毕业后入职武汉晨报。2007年至2011年，任职《新京报》。2011年8月，入职南方周末时政新闻部，现为南方周末高级记者。

2015年度记者

入选理由

2011年入职南方周末以来，深耕时政领域，潜心调查研究，遵循新闻规律，撰写了大量高水平的时政调查报道。2015年，在日益艰难的传统媒体环境中，褚朝新努力克服家庭困难，以饱满的新闻热情，操作出一篇篇扎实的时政调查报道，好稿量名列报社第一，许多报道在社会上产生了强烈反响，彰显南方周末时政报道的影响力和个人的职业声誉。

年度说 1

调查记者的2015

到《南方周末》满4年了，做时政也满4年了。这4年，都在琢磨怎么与官员打交道，怎么写好关于官场和官员的报道。

2014年下半年始，中国媒体时政报道领域开始活跃，好文章无数，也出现一些假大空类的时政文，刻意取悦权力资本的帮腔帮闲，“时政鸡汤”满网泛滥。

2015年选择渐渐退出操作难度较大的宏大叙事写作，几乎将全部精力放在对地方官场的观察和报道上。

对官场有弹有赞

2015年，继续坚守在新闻一线。3月，写《河南省纪委自查第一案》。纪委，无疑是2015年最引人关注的官方机构。纪委官员的违法违纪，当然更应该关注，更应该去记录和批评。

这篇报道并不起眼，却是自己觉得最介入现实的一篇报道。在各种口水时政文帮闲帮腔的当下，更愿意写这样的文章，揭露一些特殊领域失范的权力，也体现了纪检系统纯洁队伍、“打铁还需自身硬”的坚定决心。

暮春时节，是2015年的第一趟山西之行，写了《山西“补官”》和《吕梁：官场“重灾区”的艰难重建》。从专业角度说，这是这些年最满意的时政稿，写了过去山西官场的旧疾，而且是山西一大群市委书记、县委书记出来现身说法，也写了当时山西力图革除积弊的努力与遇到的新问题。

比如，山西试图打破过去县委书记这个位置选拔的传统路径，“不能当了县长，只要不出大问题都能当书记”，所有拟提拔的官员，都要进行廉政审查，查房产、查存款、查家人办的企业、查纪检组织信访三家接到的所有举报，查完了没事，才能继续考察；比如，现实政治生态里，上下都担心出现“带病提拔”引火烧身，于是选拔官员时必须实名推荐，谁推荐了谁都有案可查，将来发现带病提拔都可以倒查追究。

因为查得太严，一些山西官员不愿意参加选拔；愿意被选拔的，都是过去的清水衙门，没有机会腐败，也没有机会锻炼，这些人不免又被怀疑能力是否胜任新职务。文章里，我还提出了“廉吏是否是能吏”的疑问。

文章里，记录了很多这样的细节，真实呈现山西官场当时尴尬的现状。不过，山西也努力以求彻底革新。对山西的记录，有赞有弹。这是我愿意做的事情：不让批评、不能批评的，绝不去赞。

5月，奔波湖南三地市，写一批湖南官员陷入桃色敲诈陷阱的丑闻。故事很简单：一群中年官员，有县里的科级有市里的处级，三地官场大多讳莫如深，处理丑闻则是大事化小、家丑不愿外扬。这篇报道题为《官场“桃花劫”》，广为流传，到处转发转载传播。

文字要敬畏，下笔需过心。不写假大空类的宏大叙事，不把丧事写成喜事，不把人捧成神，假话谎言一旦白纸黑字，是会流传下去成为一个笑话或者耻辱的。

6月，写了一个“官场正能量”：《优秀县委书记陈行甲炼成记》。2012年，我曾对湖北另一个县委书记说，“当下对我来说，表扬一个县委书记比批评一个县委书记的风险大得多。我今天表扬了一个县委书记，如果明天他就被抓了，那将是我职业生涯终生的污点。”陈行甲，在我看来是实属难得的官场正能量。尽管如此，也写得小心翼翼，力求客观、公正。

2015年，年度好稿量居南方周末报社第一，曾连续6个月获得月度新闻奖，但对年底南方周末年度新闻奖没有任何贡献。作为南方周末的高级记者，深感惭愧。

人近中年

2015年，羊年。

夏天，被评了高级记者，每个月多了1600元的补贴。到南方周末时，曾说过不希望为了钱写作。可是，生活的压力越来越大。最初想坚持的东西，越来越难坚持。

想起来，有点难过。

年度
秀
2

作品名称：《山西“补官”》《吕梁：官场“重灾区”艰难重建》
刊载媒体：《南方周末》
发表时间：2015年4月30日
作品影响：山西塌方式腐败，落马官员省部级8人，空缺省管官员300多人，此种情形下山西官场如何选拔官员填空，成为举国关注的焦点。报道用若干具体形象的案例，突破拿到大量独家的重磅信息，向公众还原了山西官场昔日的用人积弊、官场潜规则，也真实记录了山西新一轮选官过程中新旧规则的交替以及面临的诸多新问题。此文一出，《南方周末》在时政报道领域的优势充分体现。

SOUTHERN WEEKLY
南方周末
乐享生活 近在民生
兰茵净：生意没受影响
汪国真：我就问你一句话
直击尼泊尔大地震
「谢谢中国」
依法治国，从管住红头文件开始
山西“补官”
全程差额，全程记名推荐，全程廉政审查

这一年，报社诸多同事时时鼓励，尤其是时政新闻部的编辑李梁兄和一起做时政4年多的几位同事，如钱昊平兄、刘斌兄等。他们，都是中国时政新闻领域的资深编辑记者，低调不张扬，不似我这般大大咧咧、散漫随性。他们，在工作上对我有诸多帮助和指导，其他方面也有诸多的包容。

这一年，曾带过的3个实习生陆续工作，他们都选择了做新闻，其中有两个进了同一家报社同一个部门，认真写着新闻。这是我乐于见到的，也坚定了坚持较高门槛选择实习生的决心，也坚定了继续认真带实习生的信心。这个行业，需要新人，对那些愿意认真做新闻的孩子，我愿意善待他们、尽力教他们一点点。

8月，又去了一趟山西。夏天那一次，采访没完，二哥突然病倒，医院下了病危通知书。

自己，已然不是那个可以不问家事的少年。临时赶回湖北武汉，联系医院医生。一通忙乱，一阵惊慌，数日后二哥转危为安。没等二哥出院，又返回山西，继续采访。

勉强完成工作后，回到居住城市。去剪头发，给我剪了一年多头发的师傅一上手就惊叹：你头发怎么突然白了这么多?

那一趟，一共在山西待了28天，接触了一些地方政府，发现少数地方官员有诸多顾虑。为了更真实了解经历了塌方式腐败一年的山西的现状、变化与遇到的新情况，想了很多点子。比如，以为离退休的官员应该比在职的官员们敢讲真话，到处找人好不容易问到了两个山西省委原领导的秘书的手机号，但联系都不成功。

有一日，在一个纪念抗日战争胜利的大会会场，堵到了曾任山西省委书记的李立功老人。见到他时，已90岁的他坐在轮椅上被人抬进抬出。虽然见到了，也说明了来意，但不忍心过多打扰，打了个招呼，闲聊了两句，放弃了。那是一次不太成功的采访，费时耗力，但并未达到自己预期的效果，全程无比焦虑。

11月，留下因特殊情况本需我在家照顾的家人独自一人在家，又去了一趟山西。去机场路上，在出租车上暗自落了泪，觉得自己有时候像个孤儿，无所凭借、没有依靠。当时，在微信朋友圈发了一条消息，言辞颇为伤感。

人近中年，多了很多年少时不曾有的顾虑。

在湖南，见到了一个桃色丑闻中的处级官员。费尽心思，在这名官员的办公室堵到了他。我开门见山，直接问到了丑闻。他告诉我，接受处理，当时他最大的心愿是孩子好好高考，自己的事情先放一边。

年度秀 2

作品名称：《官员们的微信朋友圈》

刊载媒体：《南方周末》

发表时间：2015年12月24日

作品影响：此文，称得上是中国时政报道领域第一篇翔实、具体呈现官员们的微信朋友圈的报道，不仅在门户网站上广为流传，也被多家传统纸质媒体转载，微信上更是刷屏。2015年的最后一天，一位退休省委书记的秘书在飞机上看《中国民航报》读到此文，专门翻拍给记者发微信：看到你的文章，2016，奋进。文章见报次日，有时政领域的同行在转发此文时评论：褚朝新这篇报道，估计当官的都在仔细阅读。时政记者，当到这个份上才有意思。

Politics
时局
B9
官员们的微信朋友圈

这样的官员，不值得同情，但他即将高考的孩子却不得不让我心有顾忌。本想点名的这名官员，最后匿名出现在文章里，让无辜的孩子眼中、心里继续活着一个正常的父亲，至少高考不受影响。

在另一个纪委查办的案件里，主人公与妻妹有染并生育孩子。这些本可以吸引眼球的细节，全部放弃了。贪官不可怜，与贪官有染的女人也不可怜，但他们的孩子却没有选择父母的权利。不想让这些孩子被人知道真实的身份，将来一辈子生活在某种阴影里。

岁末，半个月里做了三个讲座。其中两个讲座，是在高校新闻院系。不管是什么样的学校邀请，不管有多少孩子是真心愿意听，都接受邀请并认真准备。做了励志版 PPT，又做实务版 PPT。一场讲座，哪怕能鼓励一个孩子将来去做新闻，也值得。

另有一场讲座，在某省高级人民法院。有几年，很忌讳去政府机关做讲座，担心被误解，因此陆陆续续拒绝过一些官方邀请。这一年，想法有些许改变，希望更多去接触体制内的人，不仅是通过工作的方式接触，也多去表达自己，去尽可能影响一些人，哪怕影响有限。

在那场法院内的讲座上，我告诉台下的体制内写作者，不要把丧事写成喜事，不要把人捧成神，假话谎言一旦白纸黑字，是会流传下去成为一个笑话或者耻辱的。我想告诉他们，文字要敬畏，下笔需过心。

A4纵深

山西"补官"

"廉吏不能"的窘状

作为一个新闻工作者，时常感到无力，这种无力感有自己的无能所致，有环境所致。除了在南方周末发表文章，在那个用我的名字命名的微信公号里，多次点名批评一些地方官场和地方大员。漂亮话、好话，说的人够多了。

（作者系南方周末时政记者）

说
年度
3

朝新印象

李梁

朝新是南方周末北京站的记者，但他常驻武汉。作为编辑，大部分时间里，我和他的联系主要通过电话和微信。

虽然平常不参加北京记者站的饭局和时局版的聚会，但朝新在这个团队中，一直保持着强烈的存在感。几年来，他一直保持着一个月一两篇稿子的状态，没有特别多，也没有特别少，节奏把握异常精准；他主要做地方官场题材，做题目就是出差，时局团队里只有他常年出差在外，每次总能在微信群里带来新鲜好玩的官场故事。

朝新是个很勤奋的写作者。工作之余，他在家里种菜、种花、晒日头，然后把这一切在微信里，絮絮叨叨地告诉朋友们。他的朋友圈和微信公号几乎每天更新，他采访中所见的官场故事，甚至在家里中午炒了什么菜、喝了什么茶、晚上到哪儿吃小龙虾等，都会一一向大伙儿袒露。经常看他的微信，会有一种奇怪的感觉，好像他一直在北京站，不然我怎么这么熟悉他的生活呢?

朝新是我拉进南周的，把他和另外两位记者昊平、刘斌拉到时局版，一直是我内心小小的得意，证明我看人的眼光还不错。我们几个人都是20世纪70年代末出生的，几个人除意气比较投合外，价值观、职业态度都比较一致，说句自夸的话，算是报社职业精神较强的几个。这几年来，这个小团队几个人都保持着良好的工作状态，大家在一起相互取暖，维持至今，想想真是很难得。

3个人中，朝新和地方官员打交道最多。我记得第一眼看他的时候，第一感觉就是，哥们真特么像个小干部。过去在记者站一起出去玩的时候，他常常一只手拿着小包，另一只手拿着钢化玻璃茶杯，不紧不慢地跟在我们后面，左手摸摸树叶，右边看看花草，像极了外出视察的官员。

看似漫不经心的外表之下，隐藏着一双善于发现的眼睛。他在做腐败官员调查的时候，在县委大楼地库里拍到县委书记的丰田越野车；在江西某地机场，他一眼认出前呼后拥前往省城南昌的市委书记；到某县县委大楼采访时，他在楼道里发现每个领导办公室前专门安装的摄像头；某年年终采访某地公款吃喝的时候，他能在宾馆里找到县领导在包间请客的菜单和酒水单……

据我猜测，他的这种眼光，可能得益于他早年的另一项“修炼”。他喜欢拍照，很早就配置了比较专业的相机。过去出门在外，最喜欢拍各地奇奇怪怪的风景，尤其是路上来来往往的姑娘（当然大多是侧面或者背影）。每次他出差，都能拍几张照片让大家开心点评一番。结婚后，似乎是受到了某种限制，渐渐姑娘们的照片越来越少了，不过他偶尔还是会发挥一下——在太原采访的时候，他拍到省公安厅门口岗亭边上一个姑娘——她正望着站岗的武警男朋友，等待他早点“下岗”呢。

不知道是否得益于他小干部的外表，朝新和官员总是能够迅速接近，能让当事官员开口说话，一些人甚至能够成为他的朋友和长期的读者。总之他来周末后，迅速发展出了和官员打交道的“特长”。他到地方去采访，不管是做某个官场现象，还是做贪腐调查，我一般不担心采访突破问题。绝大多数情况下，他都能够顺利突破当地官员的围堵，拿到核心信息。

记得他在洛阳采访副市长郭宜品失联事件，许多媒体一筹莫展，而他很快就在电话里给了我惊喜——他确认了这个副市长太太的工作单位并获知她在正常上班，更直接把电话打给郭的儿子，从他口中确认了一些信息。参与报道的媒体中，获得这些核心信息的唯独他一个，别无他人。

平视官员，一直是《南方周末》时政报道的基本要求。但环顾兄弟媒体，一些记者跟官员打交道多了，不免沾上一些坏习气，以跟官员称兄道弟为乐事，在采访中失去原则和立场，甚至不自觉在报道中为他们辩护。朝新虽然长期和官员接触，但一直保持着始终如一的平视眼光和独立立场。不管他面对的是国家级的明星领导人，还是普通的县委办科员，他都能平视他们，不犯怵，更不犯贱。他的分寸感把握得很好，既和官员保持距离，也能对官员的诸多行为抱以同情和理解。也许正是因为这种保持着距离感的理解，让许多官员能够对他说出一些掏心窝子的话。我从不担心他到地方采访，和官员“打成一片”，会影响报道的客观性。

长期游走在地方官场，朝新仍保持着疾恶如仇的记者本色。他刚来周

@ **刘斌**：江湖上都知道，褚老师官员朋友多，文章写得好，还时不时去高校和政府部门做讲座。在新闻理想有时被当做戏谑的当下，褚朝新是难得能一直跑在新闻最前线又能把专业主义发挥到极致的“时政老枪”，他得年度记者实至名归。

末到地方采访时，几次和一些出言不逊的官员发生冲突，以至于每次他出差，我内心总是有点隐隐的担心。在洛阳采访失踪副市长郭宜品时，他和一名官员发生冲突，对于该官员的无耻言论，他当面回击，不留情面。最厉害的一次，记得是某地县委一名官员威胁要找公安来扣留他，他硬碰硬和这名官员差点“干”了起来，最后那官员怂了。而他回来没过多久，这个县的县委书记因严重受贿被双规。

虽然脾气硬，但朝新从本质上说，仍是个散淡随性之人。他长期和官员打交道，有很多官员朋友，但我想，他一定不羡慕官员的生活，宁愿生活在更为单纯的环境中。他喜欢老树的画，一直用那个长袍中年男人的形象，作为自己的微信和微博头像，我想这代表了他的内心吧。

他和时局版几位同事的交往，也都是君子之交，其淡如水。他一年来几趟北京，和同事欢聚几场，回武汉后便一个人在各地东奔西走，闲下来便独自继续过他的平淡日子。他是好酒的，不过每次和我们一起吃饭的时候，都喝不起来——喝酒的人，对氛围的要求比较高，北京这几个人喝酒都温吞吞的，都没法陪他喝起来。

唯一的例外是一次在青岛，几个时局版同事难得聚到一起。在一个日本料理小馆，四个人到中年的老男人，两个刚进报社的年轻同事，聊起身边像流沙一样散落的同事，和传统纸媒晦暗不明的未来，大家都有点感慨，痛痛快快地喝了一回。

当然，从2016年起，我估计朝新不太能够像前两年一样出差说走就走了，他的生活有了令人欣喜的新变化。不过也没关系，以他的职业态度和职业积累，不愁写不出好文章。他爱写字，这几年我看着他的文章越写越好。对一个写字者来说，未来的路还很长。新的生活扑面而来，祝愿朝新慢慢走、慢慢写，我愿意当他永久的粉丝。

（作者系南方周末时政新闻部执行总监、时局版编辑）

张东明点评

调查记者是否潇洒风光？老记褚朝新用他的经历诠释了什么叫记者本色。事非经历不知难。调查记者多为独行侠。寻找线索时的焦虑抓狂、抓到大鱼后的血脉贲张、肚饥吃的闭门羹、一番辛苦付水流，常常与调查记者相伴同行。没有抱负担当、没有铁石心肠，耐不住寂寞、扛不住三月缺粮，难吃调查记者这碗饭。

2015 年度记者

透

姚忆江

个人简历

1971年生，从业25年，现任南方周末防务新闻部总监、南方日报时政部防务新闻工作室副主任、南方防务智库执行秘书长、高级编辑。1991年毕业于华中理工大学，1999年华中师范大学教育学硕士毕业，2011年华中科技大学教育科学院在职博士毕业。1991年至2006年供职于湖北教育报刊社，历任记者、编辑、杂志主编及党总支书记。2006年10月进入南方周末，参与创办《南方周末》防务版，致力于采编文章成为国内防务、军事报道的独家看点。

入选理由

姚忆江注意“洞察国际形势，做好趋势判断”，立足南方，关注中国军事变革和天下防务动态，展现出朴素的持久力、穿透力和深植能力，具备丰富的报道风险判断力和把控能力。《南方周末》防务报道试图传播一种理念，也希望承担一份责任，做军报不方便做、地方报纸不能做和没做好的报道。姚忆江不仅做到了这些，还透过深度、权威、可信的文字，实现了《南方周末》防务报道的“立命之本”。

年度
说
1

在一个个风险中寻找机会

10年前,在2006年进入289大院的那一刻,几乎所有同事都提出疑问:“你为什么在这个时候(35岁)搞这么大的动作来南周,从头开始当记者?”当时我的回答很简单:只是想换一种活法。

为了换一种活法,注定要放弃安逸,放弃15年在湖北教育媒体所有资源积累、杂志主编职务以及党务工作,暂时中断在职博士论文开题和学业,从头开始

…………

换一种活法,确实需要提前调适好自己的心态,要有更多的韧性和耐心;为了换一种活法,还需要有一点点理想:就是深入一个新的领域,寻找自己独特的价值。

2007年到2009年,我在南周各个新闻版面游走,先后撰写了几篇反响不错的科学、民生、环境、教育、社会调查报道。2008年4月3日,我在《南方周末》头版发表《城市灰霾天 年夺命30万,专家吁严防雾都劫难重演》一文,被评为2008年最有影响的环境科学报道,引起国内外的高度关注。

有时候我很羡慕文化新闻的“面朝大海,春暖花开”,羡慕经济新闻“每一个细胞里都很活跃的财富驱动力”;更多的时候会陷入困惑:对于南周而言,自己的核心竞争力和价值在哪儿?

2009年,南周专业化发展方面值得耕耘的军事报道领域,进入我的视野,它就像一座新闻富矿,“藏在深山人未识”,又因“雷区遍布”令市场化媒体不敢深入涉足。

而长期以来,《南方周末》被贴上了莫名其妙的标签,军队对此深怀戒心,经常有军内的朋友小心翼翼地说:“做部队的报道,好像与你们的气质不符。”

能不能做出高品质的军事报道,南周内部也争论不断:与其他类型报道不同,涉猎军事报道就像练一把锋利的大刀,玩不好,很容易伤了自己。

蛰伏待发

2010年，我执拗地推动创建了《南方周末》防务版，担任首位防务记者。创办伊始，就注定在别人知难而退的“枪林弹雨”中选择冲锋、在敏感和安全之间绞尽脑汁选择突破，像特种部队一样出奇兵、去奇袭……迈出的每一步，都像阿迪力一样，在没有任何安全措施的钢索上行走，全靠“胆大心细”来把握新闻和保密的平衡。

开版之初，不少军队宣传部门领导很不放心，每期必盯防务版。在采访中，军队宣传干部会不停叮嘱记者："稿件写完了要审查，千万别出现负面啊，同意南方周末记者采访是有压力的。"

一份被社会广泛认可的报纸，不能只会唱赞歌、说好话，唯一的评判标准是真实、准确，既不献媚，也不能戾气太重。面对诸多争议和困难，只有采取“笨办法”：用高质量的文章开辟一片阵地，结交一批朋友，每一次努力都让军队重新审视《南方周末》，信任也就增加了一分。

透过独特的“南周防务”视角，新闻热点和历史梳理相互配合、调查与评论结合、专业领域与社会性结合，做军报不方便做的新闻，做地方报纸不能做和没做好的防务报道。

2010年，我策划采写《中国战机“擦”了一下北约的边》文章，独家报道了中国空军第一次飞出国门，远赴5000多公里外的土耳其参加军演，受到了中国空军的高度评价，空军总部特意给南方报业传媒集团来函表扬，并与南方周末建立起了良好的合作关系。

2013年6月，我参加新加坡“香格里拉”峰会，策划并撰写的《中国副总参谋长“香格里拉”42小时：与其“被”主角，不如当主角》一文，得到了军方高层的高度赞扬。据了解，中央军委领导看到了这篇报道，认为该报道“角度新颖、视野宽广、客观公正”，要求“对姚忆江同志进行表彰、奖励”。

“媒体要有自己独特的判断”

多年来，《南方周末》防务报道在被误解中成长。军事新闻采访难度大，如何在一期报纸上铺陈《南方周末》的特色？

2011年担任编辑后，我就在琢磨：做军报不方便做的新闻，做地方

年度秀 2

作品名称：“抗战地理”大型专题

刊载媒体：《南方周末》

发表时间：自2015年3月起每半个月一期，贯穿全年

作品影响：自2015年3月起，防务新闻部以“抗战地理”为题，邀请军方和地方顶级抗战历史专家和记者一起回到曾经的战场，实地走访重要的抗日战争发生地，挖掘鲜活的战争历史故事，梳理战争和人类的辩证关系。“抗战地理”大型专题以每半个月为一期、每期两个版的篇幅，先后在《南方周末》推出了《平型关大捷》《百团大战》《黄崖洞保卫战》《潼关保卫战》《驼峰航线》《仁安羌大捷》等13期专题报道。这13期“抗战地理”专题，在国内引起了强烈反响，广受业界好评。一些城市还专门发来邀请，希望南方周末记者能对当地的抗战历史进行充分挖掘和报道。

血战平型关

报纸不能做和没做好的报道。在我眼里，防务版包含了军事、地缘政治、国家安全、边疆地理等内涵，文章要能“有历史和现实纵深”，“有家国情怀”，“把人的命运与国家的前途真实反映出来”，具备丰富的报道风险判断力和把控能力。更重要的是，不管版面如何铺陈，独特的判断应该成为防务版的特色和灵魂，这应该是《南方周末》防务报道的“立命之本”。

几年来，我们了解现场、我们讨论真相，因话题敏感而好奇，因好奇而变得更加执着。有些选题几乎是不可能完成的任务，有时候不能放在专业操作的思考上，而须顾及复杂关系的协调和平衡。恰恰是这种矛盾，激励编辑竭力思考和发现有价值的选题角度，也在那一刻，我有种冲动，再不愿“猫”在编辑部逐渐变得忧郁，情愿转作记者，提着相机，像拿着AK-47的“特攻队员”，穿越一个个危险地带，感受挑战、刺激、快感。

要实现人无我有、人有我优，保持军事、政治资源的可持续性变得日益重要。2013年年初，我向集团建议成立南方防务智库，着力打造智库型的媒体，并将一年的调查研究写成报告呈送给集团领导。2013年12月5日，经集团党委会研究同意，正式启动南方防务智库建设。三年来，我参与策划举办了三届南方防务论坛和一次小型研讨

会，邀请了50多位军方高级将领、知名中青年研究学者担任顾问，逐步将防务版面打造成了集团具有核心竞争力的版块。

能打大仗

2015年，中国大事多：抗战胜利70周年、“9·3”大阅兵、反恐、南海争端、军改、裁军，一个个防务安全的议题如潮水般此起彼伏。对于媒体人而言，这也是一场全方位的考验与较量。

打硬仗的机会来了。在高度限制的环境里，如何克服困难实现“炸掉碉堡”且全身而退，这是个难题，有时候这个过程既是享受也是受

年度秀 2

作品名称：《胜利日》阅兵特刊

刊载媒体：《南方周末》

发表时间：2015年9月4日

作品影响：《南方周末》防务新闻部2015年最重要的主题策划报道，9月4日（周四）用28个版来涵盖有关此次阅兵的更多新鲜内容。根据原兰州军区司令员李乾元上将《解放军报》陈先义大校的反馈，《胜利日》阅兵专刊获得了中央高层的关注。新华网、新浪网、香港《大公报》等20余家媒体对《南方周末》的报道予以正面评价。其中新华网客户端9月4日发表的评论文章《读报：南方报系新起点上再发力》一文写道：南方系中最受人留意的就是《南方周末》。其头版以近整版特大篇幅刊发了国家主席习近平检阅三军的图片，图片元素丰富，不仅展现了大国领袖器宇轩昂的气概，也显示了中国军队的飒爽英姿。还有一个看点是，《南方周末》还发挥其重要时刻以评论发声的传统风格，在大图下方配以《纪念胜利日 阅圆中国梦》的南方周末编辑部评论，围绕阅兵的重要历史时刻，阐释和平发展的大义，将落脚点放在凝心聚力实现中国梦上。

年度秀 2

作品名称：《硬派防长柔软外交》

刊载媒体：《南方周末》

发表时间：2015 年 6 月 4 日

作品影响：2015 年 6 月，《南方周末》首次以正式代表身份参加"亚太安全峰会"，发掘媒体的差异化生存的特质，传播更具有可信度的舆论声音，所刊报道充分呈现中国军事外交战略耐心和战略智慧，及时传播了中方的立场和声音，受到总参的好评。

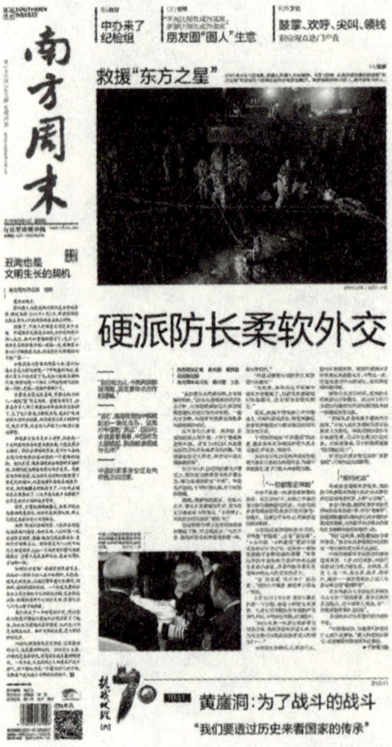
南方周末

中办来了纪检组

朋友圈"国人"生意

鼓掌、欢呼、尖叫、领钱

救援"东方之星"

丑闻也是文明生长的契机

硬派防长柔软外交

黄崖洞：为了战斗的战斗

"我们要透过历史来看国家的传承"

虐。我就像一个随时准备出征的"特种兵"，提早谋划和组织，安排记者们扑向最火爆的前沿地带。2015 年，防务版的好版面所占比例排名报社第一。

有时候会突然想起 2010 年防务版刚诞生的日子。从那一刻开始，我就注定心怀忐忑在风险遍布的新闻沼泽中寻找出路。经过 5 年探索，《南方周末》防务报道尝试将调查版的手段、特稿版的维度、科学版的分析进行嫁接，推出了防务特稿和防务调查。上述几个特刊和防务版面，就是透过逐渐形成特色的"南周防务"视角，通过新闻热点和历史梳理相互配合、调查与评论结合、专业领域与社会性结合，既有南周情怀，又有历史纵深感，还能规避诸多风险。

推进融媒体转型

现在，我在继续夯实防务报道同时，注意逐步向融媒体转型。

一、南方报业传媒集团致力于成立南方防务智库已有三年，随着军队改革的不断深入，智库的价值和作用将更加凸显。2015 年年底开始，根据智库顾问李乾元上将、李殿仁中将等高级将领提出的建议，南方防务智库开始利用军队改革的时机，准备完善智库职能，成立秘书处，打造成品牌智库。

二、从 2015 年 5 月开始，南

方周末防务新闻部综合南方防务智库顾问、军队高层人士和记者一手采访的资源优势，先后编辑了多期《南方防务参考》。国防部、国防大学等多家单位对《南方防务参考》表达了浓厚兴趣，希望加大防务议题合作研究力度。国防部新闻局局长杨宇军建议，与南方防务智库共同开展课题研究，共同研究“中国如何建立国际话语权”。2016年，防务新闻部着力于与国防大学、军科院、社科院、现代国际关系研究院以及清华大学等高校进行智力资源合作，争取形成视角独特的防务研究报告。

三、2015年11月26日，经过与中宣部“解读中国”项目组协调，中宣部对外推广局领导原则上同意与南方周末合作，利用南方周末防务新闻部策划优势和南方防务智库专家资源，第一期投入拍摄纪实类宣传短片《边城》(15集，每集5到10分钟)，内容为边境小城及对外交往的故事，突出中国的发展给周边国家带来的机遇。

随着军队改革不断深化，军队逐渐走向开放和透明，可供报道的视野更加开阔、资源更加丰富。如今，南周防务报道取得了可贵的突破，但要成为“领跑者”，担负的责任依旧艰巨。

(作者系南方周末防务新闻工作室执行总监)

说
年度
3

姚忆江，背着双肩包的“大龄”记者

于冬

姚忆江老师总是背着那只墨绿色的双肩包，随时准备着出差。

2009 年 9 月初，正是国庆 60 周年大阅兵的前夕，空军宣传部组织记者团到华北平原某阅兵村采访。北京西三环附近的空军大院西门外，几辆搭载记者的大巴已经启动，正焦急地等待着一个人的出现。

“不好意思，来晚了。”背着那只墨绿色的双肩包，姚忆江最后登车。这便是我与姚忆江的第一面。当时，空政宣传部干事郭洪波介绍说：“他就是姚忆江，刚刚从广州飞来的南周记者。”

此前，他的名字已为业内熟识——姚忆江，这三个字几乎每期都会出现在《南方周末》的报纸上从时局到社会、教育、科学等诸多版面。

姚忆江的性格不像媒体职业那样张扬，恰相反，即便遇事也是憨憨一笑之后再做言语。采访中，他却很活跃，右手执笔，左手捧着笔记本，封皮上还夹着一支录音笔。偶尔，还会从墨绿色的双肩包中摸出照相机，咔嚓咔嚓几下再塞回去，继续对采访对象发问。

当时，我供职于一家中央媒体。写作并非难事，只需对部队提供的通稿和材料略加修改整理。我惊讶地发现，姚忆江几乎不放过任何一个采访对象，从士兵到将军一律“通问”；他也不会忽略任何一个采访细节，从空勤灶的饮食到盲飞、重力幻觉之类的专业问题。

“南方周末的那名记者被隔离了！”采访第三天，空政宣传部借调人员曾辉说。恰逢“甲流”肆虐，姚忆江却在这时患上感冒。随后的医学排查证明，姚忆江只因不熟北方气候，午休时开着门窗赶稿子，遭遇“穿堂风”而感染风寒。从“甲流”疑云中走出的姚忆江，数天后，出现在北京白石桥附近举办的空军论坛上。这一次，他的敬业与专业精神更是让不少同行折服——没有中央媒体的采访特权，仅仅背着那只墨绿色的双肩包，他却采访到时任空军司令员许其亮上将。

《不能让天空成为人类头顶的“危险天窗”——专访中央军委委员、空军司令员许其亮上将》《世界下一场空战怎么打》等文章，发表在2009年11月12日的《南方周末》上。迄今，空军许多将领仍能背诵文中的名句：“从世界新军事变革的趋势来看，军事力量竞争正在向空天领域转移，军事力量建设不断向空天方向拓展。这种转移是大势所趋，这种拓展是历史必然，这种发展不可逆转。”

渐渐与姚忆江熟识，并有幸成为同事和搭档，我从而观察到他更为真实的一面：不仅他的敬业与专业品质让人折服，他的人格更具魅力，正如他在微信签名中所自勉，“凡事包容、凡事原谅、凡事盼望、凡事忍耐”。

几十年来，《南方周末》在海内外媒体界颇有名望，多被归功于“尖锐”的报格。其实，真正支撑这种盛誉的是“宽容”的情怀。南方周末既有姚忆江这样的教育学博士从事防务新闻报道，也不乏核物理专业的高材生专司特稿写作，甚至有几名编辑记者的最高学历只是高中。

这段自勉言辞却让我很内疚。2015年初夏的傍晚，就防务新闻报道的专业化以及分工的分歧，我没有控制住情绪而对姚忆江发了脾气。他自始至终都是憨憨地笑，而不做任何的争辩。

善众人为大善。面对报社年轻的同事以及来自各大高校的实习生，姚忆江都是悉心指导、真心照顾：刚入职的记者采访前往往会“怵头”，担心被拒绝，姚忆江老师就现身说法，鼓励他们如何克服焦虑情绪。从校门中刚走出来的实习生也愿意去问他：“姚老师，哪里租房子更便宜？”

新闻媒体是“青春饭”。生于1971年，姚忆江却时常以“大龄”记者的身份，奔波在采访一线。总参谋部一家杂志社副社长刘逢安与姚忆江多次打交道后，评价说：“姚忆江和蔼得像个老太太，工作时还真拼命。”

那只墨绿色的双肩包中，姚忆江还会悄悄地掏出几枚“药丸”。后来，我才知道姚忆江患有糖尿病，这虽不是大毛病却最忌讳“失眠”“工作压力大”，而他的工作性质恰恰是“熬夜”“顶压”。

2010年，他顶着各种质疑、力排众议策划创办了《南方周末》防务版。防务新闻是新闻领域最难啃的骨头，他靠着韧性、忍耐、包容和执着，靠着对风险的清晰判断和对尺度的准确把握，在敏感、保密、安全的沼泽中不断开拓，策划推出一个又一个独家的防务新闻报道，其中《中国防务年鉴》专题策划，《发给自己的奖章》《文艺兵拐点》《中国军队

@苏永通：自从老姚做防务版，讲起话来就是有那么几分神秘感。他最常挂在嘴边的词儿是“勾兑”，不知这是不是湖北话的常用词。哈哈哈……军事资源开拓很难，从大阅兵特刊最终的呈现可见，老姚着实下了巨大的气力。市场化媒体做军事新闻，无论题材还是风格的突破，都要经历不断的摸索和检视。相信老姚会越做越好。

大清房》《中国“保镖”在海外——来自民间的企业安保力量》等防务特稿广受好评。如今，他主编的防务版已经成为国内的知名版面。

抗战胜利70周年大阅兵的报道中，姚忆江担负整期报纸28个版策划、采编协调的任务，时间紧、采访难度大、多部门协作，他不能有任何的懈怠。2015年9月4日正是出报的日子，熬夜一宿直到清晨6点多钟。28个版面悉数确定后，姚忆江在电话中才轻描淡写地说了句："还真累了，要回去好好睡上一觉。"

与姚忆江的通话中，“累”是很少出现的词汇，而“稿子”“格局”却是高频词汇，“我们不能总是盯着报纸几篇稿子，还要有大格局。”自2010年以来，在南方报业传媒集团以及南方周末报社领导的关心和支持下，《南方周末》不仅创设了防务版，还先后推出《南方防务参考》《南方防务报告》等衍生品，业内颇有影响的“南方防务智库”也在他推动下运作3年有余。

“不要局限于报纸上的一亩三分地。”面对媒体行业的大变革，姚忆江带领防务新闻部向新媒体、视频化等方向转型。近年来，南方周末防务新闻部还积极与各大单位展开交流合作。陪伴着姚忆江走南闯北的墨绿色双肩包，至少8年的“友情”，已被时光磨出几处破洞。

2015年6月初，南方周末防务新闻部在国防大学举办组稿会，姚忆江从广州匆匆赶赴北京参会，已来不及早餐。他从那只墨绿色的双肩背包中掏出一盒饼干，与同事们分享“早餐”。这时，一张纸条从中滑出，“爸爸，生日快乐！给你买了奶茶粉和饼干。渴了喝奶茶、饿了吃饼干。工作忙不开的时候不要饿肚肚哦！”

字迹清纯的纸条署名“雪猫”，是姚忆江正读中学的女儿姚佳彤。那一天，是姚忆江 44 岁的生日，“亏欠家人太多，尤其没有拿出更多的时间陪陪孩子”，这是他最大的遗憾。

（作者系南方周末防务新闻部资深记者）

张东明点评

姚忆江在南周 10 年的耕耘与收获告诉我们：术业需有专攻，有为方能有位。干媒体这一行的，有绝活便能风光。绝活是专业，是行内认可、行外不懂的活计。譬如防务，当记者编辑的，有几个能跟军队高层、跟防务专家对上话？姚忆江就行！他把南周的防务报道做得专业人称不外行、外行人说很内行。专业性是提升新闻质量、强化品质传播的有效手段，我们的记者和编辑要努力成为某一领域的专家型人才，至少要在某些方面具有较为深入的研究。

2015 年度记者

李维

个人简历

《21世纪经济报道》财经版记者，生长在呼伦贝尔，毕业于西南财大。2013年投奔21世纪经济报道前，曾在国企负责宣传工作。世界观上的不可知论者，价值观上的康德信徒，方法论上患有轻度拖延症，对光怪陆离的万物缘由始终充满着八卦之心。读书、写字、游戏、电影及其他胡思乱想都是供给生活感的佐料，五音与识字虽不全，但也偶尔冒充文艺青年。

2015年度记者 入选理由

在2015年变化多端的资本市场环境中，以专业化的知识储备渗入行业内部，以细心和嗅觉挖掘公开数据背后的秘密，以高质量的作品输出了大量的独家信息。李维的报道特点在于，让你能够明显从中感知到新闻和资本市场不断缩短的距离和彼此间的互动关系。诸多作品屡次预知、预告乃至影响到了资本市场的变化及监管方面的动作，而这似乎正是一次次“新闻创造价值”的有效实践。

年度说 1

始终保持自觉意识

来到 21 世纪经济报道三年后的今天，我依然认为，这个工作最吸引我的地方是可以充分发挥我的专业特长，实现服务社会、报效国家的理想。这是其他工作无法体会到的。

不过回想入职之初，由于并无财经新闻工作经验，能够感受到的也许只有焦虑。

那时，我从一家每天上班要打卡四次的国企辞职，“再一次”以一名非正式实习记者的身份，在能否留在 21 世纪经济报道的赌局中掷着色子。

说“再一次”，是因为上学时曾在 21 世纪经济报道有过一次短暂的实习，深知这里的“法则”：新人需以实习记者的身份尝试，独立发稿量达标且质量超过报社平均水平，才有转正的可能。

所以，如何找选题，又该从哪个领域突破，是那些日子里每天做梦都会思考的问题。

“把一个话题做深”

“不要去毫无选择地追新闻，要有自己感兴趣的点，有专注的报道领域，把一个话题做深、做精，这样才会有好的资源积累。”在我刚刚入行时，杨颖桦老师对我讲。

大学时，我在财经领域的兴趣点是货币政策和通胀现象，但这与我所从事的财经版资本市场报道并不相交。

恰巧，那时业内发生了一个标志性事件——2012 年年底，郭树清掌舵的证监会推动了机构创新，并大力扩宽了资产管理机构的运作范围。事后回顾，这项改革推动了金融混业程度的深化，并在后来对货币政策和资本市场带来了双重影响，而这也成为我早期报道的突破口。

不过，和每日被更多受众关心的股市新闻相比，资管只是个“小众领域”，有着天然的传播“天花板”劣势。这个圈子很小，即便是内部发生了天大的事，也只有特定的群体才会去关注。

幸运的是，《21 世纪经济报道》长期坚持的行业型报道风格，有着对这类报道特有的宽容、鼓励和支持，这种支持甚至会具化到每一位编辑老师的无私指点上。

比如巫艳玲老师会同我一起分析、交流不同机构的业务模式；卜坚老师会鼓励我将机构变化的影响“做彻底”；简俊东老师对监管政策变化有着很强的敏感性和重视程度；李新江老师则会将他听到的同业间“新玩法”分享我探讨。

而随着对资管、非标业务的持续跟进，一些比较前卫的内容，成为快速积累采访资源的契机。

比如一篇揭示某股份行如何利用“总收益互换”等衍生品从事监管套利的文章发表后，许多来询问这篇报道的机构人士，后来都成为我生活中的朋友和工作中的消息来源。

对特定领域保持关注，成为我记者生涯中的路径选择。我始终相信，即便是新媒体技术大行其道的当下，新闻业的终点也绝非波兹曼笔下预言的“供人类娱乐消遣的食材”。

须知，当初全国开展这项业务的银行只有一两家，即便一些业内人士，“总收益互换”对他们来说也颇为陌生。一家媒体能为这类题材留出报道空间，至今仍感到一丝神奇。

我也曾怀疑，这种晦涩、生硬的“圈子式”报道，在缺乏传播效果、点击量的支撑下，究竟如何创造新闻价值？但《21 世纪经济报道》的许多报道也是如此，以至于同事调侃，某一版块的记者，很可能看不懂另一版块究竟在写些什么。

一位行业前辈的回答也许在解释我内心的疑惑。他说，关注传播和流量，那是网媒该干的事，传统媒体要讲影响力才行。

纸媒迎来寒冬的今天，这个说法让我重新思考媒体的意义。我始终相信，即便是新媒体技术大行其道的当下，新闻业的终点也绝非波兹曼笔下预言的“供人类娱乐消遣的食材”。

其实，“唯流量论”也不是新闻业的错，它是社会赋予媒体价值评估体系单一化衍生的必然结果。如此风气下，流量的大小甚至直接决定了媒体的广告收入。

从这个角度看，我并不反感媒体的传播诉求，但是否要为传播牺牲内容质量、专业性和准确度，则是一件需要取舍的事情；何况，受制于流量化估值的网媒也许是身不由己，但传统媒体若也如此，则无异于杀鸡取卵。

年度秀 2

作品名称：《A 股场外配资调查报告：解密三大“配资神器”由来“二级分仓”失控》

《场外配资利益链条调查：砍头息、循环借贷横行 利益捆绑风险潜藏 监管难作为》

《场外配资“监管黑洞”长成记：利益同盟博弈监管核查 大跌前规模或不止 5000 亿》

刊载媒体：《21 世纪经济报道》

发表时间：7 月 8 日至 13 日

作品影响：连续三天的系列报道，对场外配资的产生根源、业务模式、风险隐患及行业监管问题进行了深入的调查和揭示，引发了行业和管理层的关注。报道发表后的 7 月 12 日，证监会下发《关于清理整顿违法从事证券业务活动的意见》，网信办也发布通知决定全面清理所有配资炒股的违法宣传广告，场外配资行业也正式迎来了管理部门的高规格清理整顿。

延伸擅长的那部分

后来我发觉，小众领域的专注尝试，并非不能在更广范围的主题报道中发挥作用。

2014 年年底，A 股牛市扑面而来。起初我并未对这个市场过多关注，原因除了受长期关注范围的局限外，当时我对追踪二级市场股价变动的报道并无把握——因为如果无法挖掘特有的逻辑、角度或独家信息，市场稿很容易沦为无意义的口水新闻。

但后来，此轮牛市中各类杠杆投资工具的大面积应用逐渐吸引了我的注意，若仔细对照能察觉，大部分杠杆工具恰恰基于资管产品的结构而设立。

而早期在资管、非标领域所建

立的认知结构，或许也让自己更早地意识到“杠杆市”有可能对市场产生的影响。

2015 年 1 月，我曾在脑海中对 A 股杠杆可能带来的涨跌扩大效果，进行了粗糙的沙盘推演。“加杠杆——上涨过快——融资盘积聚——降杠杆——大跌——爆仓——上报案例——风险反馈——再降杠杆——再大跌。”那时我在朋友圈中这样写道。

于是上半年里，A 股场外配资活动的变化、融资盘的累积以及监管政策的调整，成为我基于资管领域报道向外延伸的重要对象。

也许是这种提前预估的“第六感”，对于后来股灾发生后的新闻跟进起了效果。6 月 15 日的第一轮股灾启动日，我在当天报道中提示，非机构类配资账户正在遭遇强制平仓的清理，这大概成为那时首个涉及“强平”事件的记录。

而随着对配资活动报道的增加，我收到来自配资行业的反馈和爆料也不断增加。这又成为后续跟进的动力，甚至一些早年参与配资系统设计的资深人士也主动来分享感受和提供线索。

在这种互动的基础上，我又围绕配资业务链条的起源、利益链条、监管漏洞等角度进行了连续还原。也许是巧合，最后一篇文章发表的次日，证监会等多部委启动了针对场外配资活动较高规格的清理行动。

无法证明管理层的动作是否与稿子有关，但后来报道与市场状态、监管政策的互动关系却不再难于见到——无论是对整个场外配资链条的还原，还是对收益互换、结构化专户等模式的调查，许多报道确实曾引起了市场的反应和监管层的回应或措施。

回到起点，或许正是此前对资管、非标等小众领域的长期关注，以及 21 世纪经济报道对这种报道的鼓励，才让自己幸运地在股灾、杠杆市的乱麻中找到关键点。

搞个大新闻？

对特定领域保持关注，成为记者生涯中的路径选择，而也有另一些东西，是后来发现作为记者应当格外警惕的。

2013 年我还是实习记者的时候，我的一篇私募案报道发表，一度引来其他媒体的跟进和有关部门的沟通，这让职业生涯初期的我初尝了新闻行业“影响效能”的快感。

尽管后来发现，类似的新闻效果只是 21 世纪经济报道记者们的常规产物——例如一篇报道引来监管回应或上市公司的公告解释，或是一篇调查导致某些机构业务遭到叫停。

我猜，这种“影响力”体验的诱惑和背后的无限可能，也许正是一些同行仍然选择坚守在新闻岗位上的原因之一，甚至新闻理想也在某些时被具化成“能够用文字改变些什么、影响点什么”。

“通往地狱的道路通常是由善意铺就的。”我后来察觉，沉浸在这种“笔下快感”中的我们，似乎也在承担着更大的不确定性。

就在完成私募案报道的半年后，我又对一家违约的P2P平台进行了揭露。随后，有关部门的介入让涉事平台遭到查封。

事后，有投资者向我抱怨，那些平台的融资方是一个资金链尚未断裂的工程企业，如果能够协商处理，不排除最终会走向一个双赢局面的可能，但如今，他们收回投资的希望变得渺茫。

被投资者“抱怨”，并不一定意味着报道的失当。但这事给我的反思在于，报道在某些时刻是否真的会成为“压倒骆驼的最后一根稻草”？是否会因为报道企业或个人问题，进而给无辜者带来伤害?

如果是，那么记者此时陶醉于“搞个大新闻”的诉求是否依然正当?

警惕装醒

罗诺老师说，要“知道十分写三分，得饶人处且饶人”。他的调查报道曾让多家违法的上市公司被查办，但与之到来的公司停产、职工下岗，却并不是他所愿看到的。

“这就像挤兑，如果大家都相信银行明天要破产，那银行肯定会破产。有的公司被你们写了，本来挺好的，结果银行一抽贷，全完。”一位银监系统的长者向我解释。

也有一位好友表示，报道只是信息的一部分，记者无从判断什么才是“最后一根稻草”，所以并不需对报道后果负责。

对这个问题，索罗斯曾在他的反身理论中进行过抽象描述——反身理论认为，人类观念对现实的投射往往存在常态化错误，而错误的观念又会从根本上影响甚至改变现实本身，这个假说吸引了我的注意。

党报集团记者的身份决定了我们必须坚持正确的舆论导向，切实承担起社会责任，说真话、鼓实劲，团结人民、服务大局——这种自觉是党的新闻工作者的必备素质。

而观念的“很可能出错”也在另一个侧面提示我们，若不加以节制地沉迷于“搞个大新闻”，记者很容易陷入一种以创造“影响效应”为目的的职业陶醉感，而这种自负，又有可能给真相带来新的扭曲。

是的，给现实带来扭曲的除了虚假，也有可能来自把部分真相视为全部的错误观念。例如当我们报道某家企业资金链将断前，它有可能刚刚获得一笔救命的贷款。

这种职业陶醉感可以包裹许多要素一同登场：记者的正义、善心、感动以及对这个国家和社会的爱欲——这些可能在特定条件下形成摧枯拉朽的破坏力。

没错，面对现实，新闻人时常爱抱怨的一句话是“你无法叫醒一个装睡的人”。但有时，更可怕的在于，“你以为自己是清醒且客观的，并且忽视那些提示你的声音”。

（作者系21世纪经济报道北京财经组记者）

说年度 3

人人都爱的“小李总”

罗诺

第一次见李维，是在 2012 年年底，是他刚到 21 世纪经济报道北京财经组的时候。三年时间过去了，我已经不记得当时他的衣着与发式，唯一的印象便是“高”。

来自内蒙古呼伦贝尔的他，有着内蒙人惯有的体格。我曾以 184 厘米的身高在 21 世纪经济报道财经组“鹤立”多年的地位，也随着他的到来而被“瓜分”，或正是由于这一在“高度”上的分庭抗礼，才使得我们不得不开始留意起这位后来被称为“小李总”的好同事。

小李总和我都有一段相似的经历。我们在大学毕业之后一开始并未进入新闻行业，而是进入被外人羡慕的“体制内”的某央企，但“按部就班”的生活同样不适合我们这些拥有“躁动灵魂”的青年。在不愿意继续“坐吃等死”的时候，都选择了毅然决然地追随理想。于是，正如我当年从某部委跳槽到南方报业传媒集团一样，小李总也在某央企短暂度过了一年多时间后，转投来了他一直向往的 21 世纪经济报道，成为北京财经组的一名财经记者。

小李总进入 21 世纪经济报道后，报纸上开始多了一位署名为“松壑”的记者。在我印象中，这一词应该是出自《全唐诗》中的一句：“云归松壑翠阴寒”，而“松壑”的意思则是长满松树的峡谷，高洁而清峻。这也是小李总用过的唯一笔名。

正所谓“人如其名”“文如其人”，从小李总为自己所取的这个笔名，便可以对其在新闻理想追求上的精神洁癖窥之一二。虽然这个名字与其蒙古“壮汉”的形象反差颇大，但当你知道他是不折不扣的“处女座”之后，便会瞬间觉得释然了。

是的，小李总是个拥有 100% 特质的“处女男”。

他曾经给我们说过他孩童时的一个故事。他说自己从小就有被迫害妄想症。有一段时间，其家乡发生过几起暴力事件后，他便总是感觉有人跟踪他，想要加害于他，甚至于有一天放学，他独自回家时还对着对面的墙角大喊“你出来吧，我看见你了，我知道你在跟踪我”。

而正是“处女座”的这些特质，养成了小李总对新闻事件的敏感度和逻辑的严密性，同时养成了他勤于思考、深究其底的习惯。或许也正是这些特质的合理运用，让他在财经报道领域中施展得如鱼得水。

从2013年年初来到财经组，到如今2016年年初，短短三年时间，小李总在财经报道专业上的成长是非常令人惊讶的，其从一个新记者迅速成长为一个成熟的记者，也正在成长为21世纪经济报道财经组记者群的中流砥柱。

小李总另一个最大的特性便是“温暖”。是的，他是一个能让周围人觉得“温暖”的人，也就是俗称的“暖男”。

自从2014年买车之后，他就成为我们21世纪经济报道北京财经组的“御用”司机。近两年时间中，每次一遇到单位早上开会，无论路途是否顺道，他都会提前从家里出发，把我们一个一个地接上。每次遇到晚上部门聚会完，他也会不辞辛劳把我们通通安全地送到家，毫无怨言。

而其在21世纪经济报道工作的三年时间中，我也从来未见他对任何人发过脾气，更未有过任何恶意的抱怨和诋毁。尤其是近一年多时间来，他长期处于满负荷工作量运转，其工作量将单位其他记者远远抛在了身后，但其对此的抱怨也仅限于“工作太忙了，都没有时间运动了”。

或许正是这一份来自内蒙人血脉中的淳朴和良好的家庭教养，不仅为李维赢得了同行的认可，更有采访对象的褒奖。

6

利益同盟博弈监管核查
大跌前规模或不止5000亿

A股“去杠杆”运动

第一创业首席经济学家彭兴韵：暴跌呼唤监管协调机制

@**李新江**：在21做新闻，既是养家糊口的生计，又是在追求一时一地之风流，尤其是在金融行业，面对的采访对象“高智”又“高富”，对于在外打拼的跑线同志，保持“体面”就需要下大功夫。当然，如果做到常有机构前来打听业务动态，那就大不一样了——那显然是一种新的记者状态。是什么状态，这个需要李维好好介绍。

“天生的亲切和信任感”，这是很多人对于小李总的评价。

按照我对小李总的了解，他并不是追名逐利的人，这在当下浮躁的社会中更显难得。

在他心中，获得别人的赞许或是追随，往往不如减去十斤体重来得高兴，而事实上，他近年来也一直在为自己的体重烦恼。

虽然很多人都告诉他，其实他并不胖。但每到这个时候，他都会露出一脸羞愧的神色说：“那是你不知道我有多重。”

关于李维的体重，一直是个谜。

直到有一天，他突然胡茬满面地出现在了我们面前，惊呆了我们众多小伙伴——他开始蓄须明志，说自己在未瘦下十斤前，不刮胡须。

其实也是自那个时候，我才开始注意到，他的确是胖了。

最终，他的胡须还是刮了，但体重不仅未瘦下十斤，反而有增加的苗头。“工作太忙了，没时间减肥。”“工作压力太大，化为食欲了。”

我一直认为做记者是一个需要“祖师爷赏饭吃”的行当，并不是写得一手好文章便可成为一个优秀的记者。

做为一个记者，首先必须要“单纯”，这便是“初心”——始终保持一颗赤子之心，不受潜规则左右；其次必须要善良，这是为人之本，也是与人交流之道;最后便是要“敏感”,这是记者的“悟性”与“灵性”的根源。

而按照我的标准，“祖师爷”对小李总是照顾有加的。

不只一个人在向我谈及李维2015年财经报道中的优异表现时，将之评价为“时势造就”，他们认为2015年上半年“杠杆牛市”带来的股市热度和下半年“去杠杆”引发的数十年难遇的股灾，为财经报道提供了千载难逢的机会，而小李总正是顺势而起的代表。

但我对此却并不认同。

机会都是给有准备的人的。在 2015 年财经新闻的大年中，像小李总如此突出的财经记者并未出现“涌现”的局面，而且仅仅在《21 世纪经济报道》，参与杠杆牛市、股灾救市报道的记者也不下 20 余位，但为何仅有小李总能“一骑绝尘”？

2015 年，小李总的优异表现只是他财经报道生涯渐入佳境的开端，作为他的领导、老师和好友，我从来不会担心、同时也相信他对于自己在专业上的诉求。希望在今后的日子中，他依然能够以一颗赤子之心、用自己的宽容和善意做出有温度的新闻。

至于体重的问题，我想告诉他的是，即使胖到 200 斤，在我们心中，他也一点都不胖，因为我们人人都爱这个温暖、淳朴而又略带敏感的小李总。

（作者系 21 世纪经济报道财经版主任）

张东明点评

读经济出身的李维在财经新闻领域占有一席之地，凭的当然是专业的本事。然而，能否做好本职工作与学校读的什么没有必然联系。专业源于专注，专注源于志向。志向是立身行事的意图和决心。李维的专业，是他把志向付诸行动的结果。如果没有雄心壮志、没有干劲韧劲，不愿孜孜以求、不愿尽善尽美，“小李总”能把一个个的问题挖那么深、能让一件件作品的爆炸当量那么巨大吗？

2015 年度记者

筹

谭翊飞

个人简历

2005年毕业于武汉理工大学，同年7月通过集团招聘加入南方报业，成为一名南方农村报记者。2008年2月进入《南方人物周刊》北京站，任调查报道记者。2010年在南方周末短暂工作半年后，加入《财经》杂志社，担任记者，并在2013年担任法律经济刊副主编。2014年2月加入21世纪经济报道，先后担任头版编辑、副主任、主任及总监等职。

2013 年度记者

入选理由

谭翊飞始终将业务和工作作为重心，推动业务至上的工作氛围，无论是部门内，还是跨部门的业务讨论、交流，进而形成分工合作、各有专长、定期前瞻的工作模式和方法。在业务讨论上，谭翊飞比较注重从未来看问题，关注前瞻性的问题，通过细节，发现事物变化的拐点。在选题开拓方面，他善于提出问题，引导记者从一个简单的消息传递者，转变为具有独立判断能力的专业人士。

年度说 1

做有竞争力的财经报道

要闻部是21世纪经济报道2015年元旦改版之后新成立的部门，继承过去头版的传统，可以向全报社所有版面记者直接或间接安排选题、组织重大报道。其突出的特点是跨部门合作。

但是与过去的头版相比，工作机制、选题的产生机制以及呈现的效果都产生了质的改变。过去的头版，内容和位置不匹配，选题分散，稿件大约80%的稿件来自政经版，其他版块的内容实质上无法在头版得到体现。这是相当不正常的状态，因为《21世纪经济报道》是一份综合性财经报纸。

改版之后，在总编辑郭亦乐和分管编委的领导和支持下，要闻部定位为公共平台，更名为“聚焦”版。这个版块是一块公地，各部门编辑和记者大都主动为要闻部提供稿件。

在这块公地之上，最初的定位是要闻部相当于一个协调机构，也就是有权抽走其他版的重要稿件，而且由其他版面进行初次编辑。但往往是到了中午选题会的时候才抽稿，其他版面就会出现空缺，对各版工作都带来影响。

而且，稿件由其他版面初次编辑，选题安排链条较长，要闻编辑对稿件质量、方向很难把控。同时版面有严格的字数限制，不同版面编辑后的稿件，不少需要二次处理以适应版面。这个过程既影响到稿件作者，又影响到编辑。

后来做了一些调整，也就是要闻版选题的“发动机”其实是要闻编辑部，要闻编辑部要对要闻版的选题负根本责任，直接安排其他版面记者操作选题，这样安排后，从各版强行抽稿的情况就比较少了。

当然，值班编委一般也会重点考虑要闻版的题目，提出要求，直接安排要闻版的报道。

制订工作机制，增强创造力

“发动机”在要闻编辑部，这对要闻部的工作提出了较大挑战，因为要闻部的版面位置非常关键，刊发的必须是符合众人想象的重大题材。这个“众人”包括总编、值班编委、本部门领导、各版编辑记者和读者。有时，我们的题目不符合这样的预期，其他版面也会提出疑问：这是要闻的题目吗？要闻为什么当天要做这个题材？要闻部的稿子为什么打分更高？作为这一“发动机”的启动者，要闻部总监的压力不言而喻。

要闻编辑的主要特点在于，我们不是在一个领域打仗。我们需要对不同的领域都有了解，甚至是熟悉，如宏观、政经、金融、财经、产经等等，我们每个人都有知识相对贫乏的地带和不熟悉的领域，但是组合起来就会全面很多。

要闻编辑部是一个团队作战，而不是个人作战。在要闻部的操作过程中，我们自身也在不断地成长，熟悉各版的同事，包括他们的操作风格、关注领域；同时也熟悉自己过去相对生疏的领域。

这是财经新闻报道的黄金时代，纸媒必须进行产业升级，大幅提升报道质量和品质，让报纸成为精品、奢侈品。这个转型过程对于财经媒体人来说，既是责任，也是使命。

除了备足人力，要闻部制订了一套运作机制，旨在更好地把握市场热点。

第一，做好年度重点走势预判。下一个年度，无论是经济走势、改革重点、大类资产价格变化等等，其实可以做一些战略上的预判，这些预判有助于把握基本的形势和重心。目前，我们也正在细化2016年的前瞻，在前几年的基础上，现在做起来更容易。这是一个包含多领域的前瞻，对于重点内容，在后面的工作中要重点关注。

2015年的分类包括：固定议程（主要是指惯例会发生的大事，如经济数据公布、国家领导人的重要外访、重要国际国内会议等等）、宏观经济、市场（股市、汇市和楼市）、重大改革、公司与产业。

第二，在上述大分类之下，滚动前瞻。在2015年，半个月开一次电话会，按照上述分类，对未来半个月各类情况进行前瞻、预判，把新闻战的时间往前提。

对要闻部来说，部分的当日焦点新闻中，有一些其实是中期热点，在一段时间里都是焦点，需要做出深度。这些选题需要提前准备。固定议程的大事也是如此。

以2016年1月为例，美联储会议、达沃斯论坛、亚投行开业、年度GDP数据发布、央企负责人会议、政治局会议、一号文件发布等等，都是一个月前就确定会发生的大事。对这些大事，和经济关系密切的，就需要

年度秀 2

作品名称：《专访联想控股董事长柳传志："拐大弯"要提前布局》
刊载媒体：《21世纪经济报道》
发表时间：2015年12月14日
作品影响：该对话从宏观到产业布局以及创业投资哲学，分析全面、深刻，富有思辨色彩。作为中国企业发展年鉴的特刊，对企业家群体影响较大，在网上也被广泛转载。

专访联想控股董事长柳传志："拐大弯"要提前布局

提前准备专题。

而且，提前准备热点专题，可以让记者有更长的时间来操作选题，从而提升新闻的品质。

第三，经营维护要闻集散地微信群的业务讨论。这是一个版面上看不见的工作。因为要闻部没有本部门的记者，因此发动其他记者进行跨部门的讨论十分必要，尤其是热点新闻，本来就具有跨部门的特征。集散地最初并不活跃，但是我们尽量不断地往里面扔新闻，不断地激发讨论，慢慢地相对活跃起来。跨部门的讨论能碰撞出多角度的选题，因为不同部门的记者关注重点不一样。

第四，当天实际操作。虽然有前期的滚动前瞻，但当天新闻操作变化往往非常大，因为财经新闻流转非常快，有时上午的热点到下午就过时了，到了晚上又出现新的热点。对于纸媒而言，如果重大新闻拖到次日上版，第三日才见报，就已经非常滞后了。所以，尽可能抓当天的热点也是必须。

对于超级大热点，几乎都没有分歧——这就是要闻要做的题目。但大多数时候并没有超级大热点，在对具体事件的判断上就会存在一定的分歧。我个人认为，"重大"就是对未来会产生很大影响的事，"很大影响"包括影响很广泛的地区、利益、人口以及制度变革影响的深度等等。

我们还必须面对时效更快的各种网媒竞争。对于财经新闻而言，做单纯二传手的工作肯定不行，现在各种重要的经济数据发布或事件发生后，各种分析立即铺天盖地，其中也不乏高质量的信息和分析。要闻部面对这种竞争，就需要从更有创造力的角度切入，在短期内做到快速和深度兼备。这是要闻部工作最大的挑战。以政经类报道为例，对改革文件的报道，做出接市场地气的分析，需要一定的功底，否则只是跟着重复文件的内容，甚至可能抓不住新闻点。

连接器促成跨版块组合

在财经新闻强调专业、细分的市场环境下，为什么需要要闻部呢?

《21 世纪经济报道》是一份大型的财经日报，记者是按条线分布的，条线的缺陷是对很多事仅仅以条线的惯性角度看问题。但现在越来越多的重大财经新闻事件中，体现了越来越多的复杂性和多面性，涉及领域越来越广。这需要跨版块的参与，而不应仅仅从本版块或者本条线的角度来看问题。

对于出现的重大热点题材，过去各版有时也会从各版块的角度报相关题目，而要闻部的工作不过是顺水推舟。

如今，在要闻部的日常操作中，鼓励更多的版块参与是题中之义。

年度
秀
2

作品名称：《“总理工作报告”：2014 高难度，2015 要担当》

刊载媒体：《21 世纪经济报道》

发表时间：2015 年 3 月 9 日

作品影响：在前一年的年度分析基础上，该文通过对李克强又一年的调研、常务会议及其他发言的细致梳理，归纳和分析了李克强团队在 2014 年的宏观调控和经济改革工作，逻辑清晰，评述到位。

重构动力源
“总理工作报告”:2014高难度,2015要担当

年度
秀
2

作品名称：《重新沸腾的乡村》
刊载媒体：《21 世纪经济报道》
发表时间：2015 年 3 月 5 日
作品影响：该专题广泛收集内部同事回乡见闻和外部机构的回乡调研文章，反映农村经济、社会和文化在春节期间发生的多方面变化，细致入微，对了解真实的中国经济颇有启发。

21世纪经济报道
WWW.21CBH.COM 21st CENTURY BUSINESS HERALD WWW.21CBH.COM
重构增长新动力 激生改革红利
重新沸腾的乡村
南北船合并传言遭否 重组预期仍存
下调增长目标，推进全面发展
OTT均伤全球电信业 华为绘出开放云图
调整投资回报预期 绑紧A股安全带

因为要闻部的报道本身就要聚焦重大。既然是重大，对该新闻事件的阅读需求就会提高，就需要多角度解读。

现在，在要闻的版面上，一个版出现两个以上版块的记者的名字是常态，有时一条稿件也有不同版块的记者共同参与完成，在其中充当“连接器”的是要闻版编辑。

政经报道用产业的视角、产业报道用宏观的视角、宏观报道引用金融的视角、金融报道和财经结合……这样跨版块的组合在要闻十分常见。

比如，对于“十三五”规划，一般来说是属于政经题目，要闻做了一期策划，是从产业的角度来做的。产业记者一般关注产业内的大公司比较多，但是“十三五”对各行各业都会有一些规划、目标，那个策划就是从宏观视角来看行业问题。

宝万之争是个典型。财经版在 2014 年就对宝能集团进行了深入调查，要闻在事件发酵之前也专门策划专题，万宝之争开始发酵后，在值班编委的直接指挥下，以金融版为主、财经版等其他各版记者都参与了这个大型报道。

这个事也体现出了另外一个趋势，金融领域的混业经营越来越多，资金通过不同的手段在市场上流动，银行、保险、信托、券商……各种金融创新层出不穷。这些资金通过各种模式创新，可能会进入二级市场。大金融监管应运而生。

对于市场上“金融创新”，要闻部也做了不少专题。比如林虹在股市震荡之前安排的“彻底调查”里面做的场外配资问题，领先于市场很长时间。后来在P2P监管新政出来之前，对P2P行业问题的分析性报道，产生了较大影响。

2015年，大宗商品连连暴跌，对于具体的品种，如煤炭、钢铁等，产经记者更熟悉；驻外记者更熟悉国际市场；而财经版做期货报道的记者更熟悉大宗商品期货市场价格走势；金融版对汇率、美元加息有更多的了解。因此，在做这类题材时，会很自然地形成国际、产经、财经、金融记者的大组合。

为了使报纸成为精品、奢侈品

内外市场的波动、制度的转轨、经济发展的增速换挡，这对所有人都是巨大的挑战。风险和不确定性加大，市场对信息的需求就会大幅增加。这似乎是财经新闻报道的黄金时代。

2015年，无论是宏观经济、资本市场、外汇市场、产业领域，还是重大顶层设计改革的出台，热点似乎从未间断，要闻部也是在不断地追逐这些热点。

比如，对宏观经济走势的报道是要闻部关注的焦点之一。因为这

年度
秀
2

作品名称：《大金融监管猜想》
刊载媒体：《21世纪经济报道》
发表时间：2015年11月11日
作品影响：习近平在对十八届五中全会所做的说明中，特别提到了金融监管的问题。本专题对这一问题从不同角度进行分析，解读了大金融监管的重点和走向。

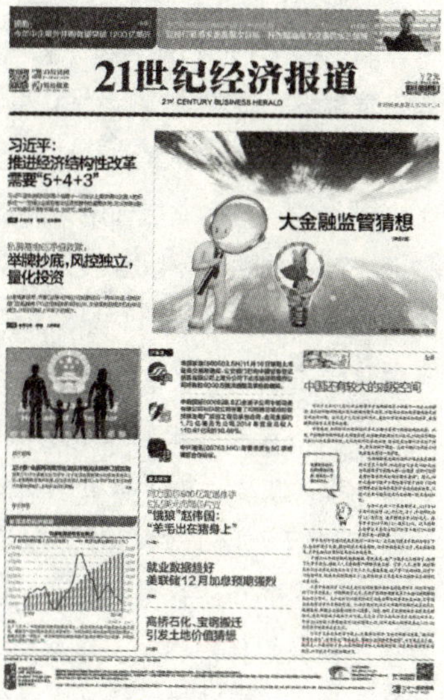
21世纪经济报道
21ST CENTURY BUSINESS HERALD
习近平：推进经济结构性改革需要“5+4+3”
举牌抄底，风控独立，量化投资
大金融监管猜想
“饿狼”赵伟国：“羊毛出在猪身上”
就业数据趋好 美联储12月加息预期强烈
高桥石化、宝钢搬迁引发土地价值猜想
中国还有较大的宽松空间

也是市场的热点，经济不断下行，各种经济数据不断突破人们的底线和预期，引起市场的震动，无论是GDP破七，还是PPI、PMI、工业增加值、进出口、外汇储备和外汇占款，屡屡创造市场热点。对这些数据的分析，尽量深入肌理，了解数据背后隐藏的逻辑，而不是简单重复发布。如对GDP增长的金融业贡献情况，外汇占款减少影响下的货币政策改变等等。

比如，在外汇市场方面，无论欧元量宽和美元加息，希腊债务危机以及大宗商品连连暴跌，还是人民币汇改及纳入SDR，要闻部组织了许多的专题进行前瞻分析报道。

再比如，波澜壮阔的资本市场是2015年的重头戏，股灾期间几乎每天都有相关专题，及时分析市场情况，了解各市场主体的看法，对各类监管新政持续跟进。在股市下行之后，对公司债的火爆和资产荒的情况较早组织专题。

再比如，对重大改革方案进行持续追踪的专题策划报道，从一带一路、京津冀一体化（通州副中心）到国资改革等等。还有一些高层的重大活动，如中美战略经济对话、习近平访美、“十三五”规划（十八届五中全会）等等。这里面不少是政经等其他版块的大型专题，要闻部进行配合。

再比如，对产业层面的热点进行报道，包括一些传统产业的衰退，一些新兴产业的崛起，以互联网巨头为代表的各种热点并购、跨界融合、央企的重组整合等等。其中，“质变中国”策划贯穿全年，通过对知名企业家的高端访谈了解产业和宏观走势。

另外，要闻部还承担了数据新闻和年度质变系列策划工作。在年底，以要闻部为主还承担了报社的质变年刊和趋势年刊的主要工作。

2016年已经开始，对于在新媒体冲击下的财经纸媒而言，我认为，纸媒的内容提升还有很大空间，财经日报更是如此。市场动态的信息服务更多地由新媒体提供，而纸媒必须进行“产业升级”，大幅提升报道的质量和品质，让报纸成为精品、奢侈品。

这个转型过程十分艰难，但生产高质量的信息产品、服务于各类市场的需要，对于财经媒体人，既是责任，也是使命。

作为要闻部总监，我清楚，在新的一年，工作依然艰巨。但是，我们有一个善于学习、合作和谐、敬业专业的团队，我们坚信，通过总结经验教训，我们前进的步伐必定会更加快速和稳健。

（作者系21世纪经济报道要闻部总监）

说
年度
3

他是一个眼光犀利的观察者

王峰

一个心装国家大事和国际风云的男人，却不爱吹牛逼，是很少见的。谭翊飞就是这样。记得有一次我和他参加一个朋友的家庭聚会，参加者有见多识广的媒体同仁、风姿绰约的女主人、特别接地气的年轻学者，大家把酒言欢，当然都想抖几句俏皮话，或是倾倒自己的私人见闻来占据沙龙的中心，可是谭翊飞却以躲酒的名义索性到厨房去炒菜了。

其实谭翊飞特别爱聊天，和他一起坐地铁或吃饭不会担心无聊、无谈资。我印象最深的是他热情满满地回忆刻苦的中学时光，像很多农村孩子一样，他在上大学前生活简朴、学习努力。这样的经历非但没有在上大学时束缚他的手脚，他对感兴趣事物的开放和积极参与的态度反而延续到现在。有时候一起聊到作为采访对象的某些学者时，谭翊飞会说，“我在上大学搞社团时就和他一起去调研过”。也正是凭着这股劲头，他那个并不是特别出名的大学的校友告诉我，谭翊飞毕业以后就去了“一纸风行”的南方周末工作，在当时那个大学是特别出彩的。

谭翊飞毕业后的第一份工作是在南方农村报。和他的聊天中，农村以及基层中国题材的调查，是他直到后来进入南方周末后都长期关注的领域。他在报社例会上，曾津津有味地讲到社会调查的方法论，一个直观的感受是谭翊飞总能很快地融入一个圈子的氛围和关系结构中。比如他提到他做调查记者时，正是国内精彩的社会调查报道频出的时候，“总能在重大社会事件的现场见到那拨熟悉的记者。”谭翊飞当然也是这个行业中的活跃人物，因此他在考虑自己的事业如何起步时，规划的一个助力梯子就是“多组记者的饭局”。我本人在和他成为同事前，就加入了一个他发起的媒体记者邮件组。

我想着重说明的一点是，谭翊飞没有媒体界活跃人物易有的两幅脸谱：油滑的社交家和愤世嫉俗者。我觉得江西农村孩子的耿直秉性是一个原因，另外的原因是他的外表让人觉得亲近。我认为谭翊飞的确是一个表里如一

@杨志锦：翊飞是我所碰到的最好的编辑之一。在21世纪经济报道要闻部没有专职记者的情况下，他能根据各版块记者的所长迅速组织出一个个漂亮的专题。翊飞也是最勤奋的编辑，笔耕不辍，政经分析奠定他在政经领域的江湖地位。点赞！

的人，他在和记者交流时，总是先说对方稿子的好处，再说出自己认为的不足和意见。他已经很厉害了，可还总是夸别人，当然这些评价都是中肯的，比如他说一个前同事是“部门里文字感觉最好的”，这应当没有异议；再比如他会说某个同事在某个领域是很专业的，不会为了聊天更愉快说些抬高对方的话。他当然也有批评和争论，后者甚至是他在现在单位的标签之一。他能在领导参加的会上提出反对意见，这其实挺难得的。他也不喜欢一些脾气古怪的人，甚至会因为稿子的问题“开战”，却没有以成见对成见，在背后发表攻击对方的言论。这都是真事儿。

谭翊飞刚来21世纪经济报道时的职务，是头版编辑部副主任，随后成为要闻版（特稿部）总监，所以他能当选年度记者，我觉得更多是凭借他持恒笔耕的每月/年度政经观察以及他在《21世纪经济报道》发表的同类型报道。政经观察是一个在媒体行业小有名气乃至在投资界和知识分子群体中也颇有读者的专栏，我自己也是因为这个而了解翊飞的成就，惭愧的是从没有认真拜读过，只知道这往往是谭翊飞在深夜孤灯下，通过梳理那些容易被忽视的公开报道，特别是那些容易被忽视的公开报道中的小细节，条分缕析写成的。

谭翊飞说过自己“对小说式的写作怎么也不感兴趣”，这些专栏自然也不是以文采见长，但他喜欢钻研问题。这也使他的兴趣领域成功地实现了从社会调查到公司调查，再到政策分析的转型。他看很多书，政治的、法律的、经济的，但写出来的专栏不像学院派有理论“打底”，而是靠一点点地搜集素材，再组合而成。这花掉了他很多时间，他经常说自己一个人写文章或搜资料直到凌晨，热情却多年未减。

他刚搬到北京远郊居住时，曾为了到北大参加一个几天的研修班而发愁，上课前一天还设法在北大附近租一个床位，以免迟到，但后来还是在家里五六点钟起床赶了早班车，并坚持了下来。他也曾想过不再干这些苦逼的工作、挣那些可怜的稿费，可是又参加了那些亚太安全、台海局势、美元贬值和增长动力等等的研讨会，听着听着满腔热血又沸腾了，“心里还是喜欢这些”。

我和翊飞认识也不久，翊飞最让我佩服、也是我认为作为同事最应该学习他的地方，是他的勤奋和钻研。他喜欢看谍战剧，看法和很多人不同，几十集的电视剧，没日没夜地看，直到一口气看完。

（作者系21世纪经济报道政经版资深记者）

张东明点评

增强服务意识、提升服务能力，是传统媒体转型的必然选择。谭翊飞身居国内优秀财经媒体的关键位置，他策划的重大财经报道、撰写的宏观经济分析，发出媒体声音、分析经济走向，到底具有多大价值、到底能够服务何人，全由市场说了算。这是一个特别需要全局观念和敏锐眼光、特别需要专业精神和前瞻意识的角色。得到同事、同行和业界较高的评价，翊飞当之无愧。

2015 年度记者

推

刘海英

个人简历

以“鹰一样的男子”微信签名逐渐被大家熟知，从大学本科到研究生都从事农作物种子的学习与研究，毕业后进入湖北省襄阳市农业科学院工作。2013年6月从单位辞职，只身到广州寻求发展，机缘巧合进入南方农村报。踏实、严谨的工作作风让他成功转型并迎来了事业上的小高潮。2015年，以“花城英少”自诩，继续行走于种业江湖。

2015年度记者

入选理由

为避免因名字引起性别误会，他以“鹰一样的男子”为签名并自励。加盟媒体前他循着优等生、学生干部、业务尖子的轨迹顺利行进。他放弃科研而转行媒体，热血沸腾之后一度陷入苦恼与迷惘。咬咬牙的坚持迎来今天事业小高潮，还有甜美的爱情。他记录了中国种子行业一个具有特殊意义的案件，他还众筹出版首部种业纠纷应对法律读本……不断追寻，努力奋斗，雄鹰展翅任翱翔。

年度
说
1

做行业的记录者和推动者

以一种全新的角度，去观察一个原来以为自己比较熟悉的领域，这非常地吸引我。正因为这个原因，我投奔到了新闻行业。

从本科到研究生阶段，我读的都是生物育种专业。毕业后顺理成章地进入华中某市农业科学研究院。按照这样的轨迹，或许我会成为一个不折不扣的科研工作者。我承认自己是一个感性的人，我想尝试不一样的生活。机缘巧合，2013年进入南方农村报，开始了我的记者生涯。

有惊喜，也有忐忑不安

2013年6月30日，我踏进了289大院，成为这里的一分子。在此之前，我始终对涉农媒体满怀憧憬，没有想到有一天自己也可以进入这个行业。

至今还清晰地记得，让我来面试的是时任南方农村报农财部主任周晓凤，而面试我的是南方农村报副主编麦倩明（麦编）和农财部种业组负责人李晓芬（芬姐）。

入职的第一天，芬姐就派我跟随广东省农业技术推广总站站长洪生一行，报道茂名水稻新品种展示活动，以及粤西地区水稻高产创建验收项目。7月4日，第一篇稿件《上百水稻新品现场供评头论足》见报，“文字干净、条理清晰”，编辑这样评价。7月11日，一个整版的内容刊登了我的两篇稿《强源、活库、优米：双季超级稻新法》和《水稻“三控”施肥技术实现增产》，犹记得当天农村报内便有不少同事打听“刘海英”这个实习记者是何许人也。

此时的我，心里是惊喜的、兴奋的。好的开端让我认识到，专业的人做行业新闻报道是一种优势，自己要加强学习新闻操作手法。

2013年12月，有企业投诉广东花生良种政府采购的种种“潜规则”，参与投标的种子企业意见大，农民更是怨声载道。

编辑部很快便商量出了一套执行方案。当我背上背包、坐上大巴出发那一刻，其实十分忐忑。到达雷州时，我由不自信变成了胆怯，因为一方面是语言不通，另一方面是对雷州当地的剽悍风气已经略有耳闻。

“您能不能用普通话说？”这或许是当时我与农户交流，出现频率最高的一句话了。从这个镇到那个镇，只有拉客的摩托车而没有出租车，“安不安全呢”这个疑问一直在心里嘀咕。还好，经历了两天担心后，什么事都没有发生，接触到的雷州人民很热情，心里的顾虑也没有了。

在了解了基层的一些基本情况后，我开始采访企业和政府部门。“你有没有记者证，拿出来看看。”在雷州市农业局，碰到了让我最担心的问题。我拿出了报社开的证明和有我署名稿件的报纸，最终完成了采访。而在雷州市农业局，正是有了基层的采访数据，才能够顺利拿到农业局提供的详细补贴情况和相关招标说明。

一周的基层、企业、农业局、农业厅的调查采访，最终按时完成了《广东花生良种补贴和政府采购调查》这个专题。第一次独立操作深度调查报道，而且是舆论监督，麦编后来在考核时给出了“良好级”，对我而言这是一种鼓励。

一个媒体人的作品切中行业之痛，给行业人以警醒和启发，可以说是一种作为，但并不是终点。新闻报道更大的意义在于通过延伸报道的影响力，为行业做些有价值的事情。

而这次的独立操作，也让我意识到，记者在面对多方利益纠葛时，首先要理顺关系，找到一个突破口，从杂乱的信息中不断梳理出有价值的内容。而解决问题的关键是要靠腿、靠嘴、靠脑，拿到翔实材料。“三分想，六分跑、一分写，记者永远在路上”，这是前人对新闻记者的精辟总结，也是我的切身体会。

要理性，更要有所担当

多年前我曾自诩是一个愤青，做记者对我是一种历练，让我多了一份理性与成熟，迫使我不断学习，深入调查，加强行动。对“陆丰 4570 亩‘CR 世农 301’萝卜抽薹开花案”(以下简称“陆丰萝卜案”)的持续关注和报道，令我得到了全面的锻炼，业务水平提升了一个档次。

“5000 亩萝卜抽薹开花，导致农民损失千万元，两名农户喝农药自杀……”2014 年 4 月 26 日，接到这条爆料后，我们心里都有两个大大的疑问：5000 亩萝卜表现异常，是什么原因造成的？农户喝农药自杀，悲剧是如何发生的？于是，我立马赶往事件发生地——陆丰市碣石镇滴水村。

年度秀 2

作品名称：《代理商模仿公司名品种名另起炉灶》

刊载媒体：《南方农村报》

发表时间：2015年8月15日

作品影响：针对种子行业中品种侵权、商标侵权等行为的弊病，作品通过一宗商标侵权案的报道，引起行业人的关注和警醒，有利于规范行业秩序。

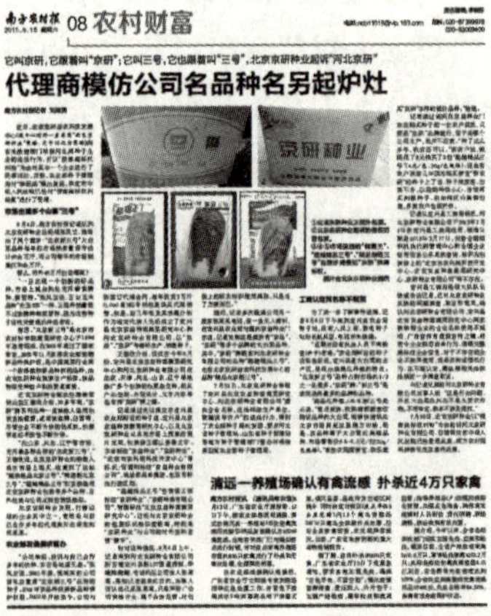
南方农村报 08 农村财富

它叫京研，它跟着叫"京研"；它叫三号，它也跟着叫"三号"，北京京研种业起诉"河北京研"

代理商模仿公司名品种名另起炉灶

清远一养殖场确认有禽流感 扑杀近4万只家禽

由于24名种植大户已经联合进行了多次上访，我能够比较容易实地走访大部分当事人，收集相关证据。为了更多地了解细节、印证相互的说辞，我一共采访了这24人当中的15人。

他们的田间实际损失如何？购买清单还在不在？品种来源、品种包装是什么样？针对这些问题，我跟随每个当事人查看了田间现场并拍照，收集了所有能够收集到的销售清单和包装罐。从不同的包装罐同时存在的疑问，我写出了陆丰两名种子站人员疑参与售种被查的报道，继而陆丰市东海春城蔬菜种子店负责人林春城以销售"白罐"（无包装）种子而被法院判刑（判三缓四，并赔偿农户经济损失）。

"喝农药的农户是谁？"

一些农户说，人已经回老家了，另一些农户支支吾吾不肯说。最终，我经过多方询问，才找到了当事人叶德河的电话，证明并不存在自杀之事。

而对于农户状告陆丰市农盛种业有限公司（以下简称"农盛种业"）提供假种造成重大经济损失一事，我在了解基本情况后，同样给了农盛种业申辩的机会，并就此事采访了多位专家和法律人士以及陆丰市种子站、农业局等单位和部门。三天后，《南方农村报》刊登了《24名大户代表向政府递状求公道》、《拔出萝卜带出泥：陆丰两名种子站人员疑参与售种被查》两篇报道。

此事为两宗民事案件和两宗刑事案件，牵涉金额大，案值超过7000万元，有政府介入，被种业界称为“中国蔬菜种业第一大案”。紧接着又出现农盛种业法定代表人陈秀良被刑拘、其女儿网上喊冤等新情况。

目前，该案件仍未审结，被告人陈秀良不服陆丰市人民法院判决，已经上诉至汕尾市人民法院。

做媒体，报道并不是终点

种子纠纷非常普遍，一个省份一年都有上千起。2014年，仅山东公开查处的种子违法案件就达474件。因为除了种子侵权、经营不规范等行业因素外，种子表现受外部环境影响也较大。一粒种子从种下去到收获，需要一个较长的生长周期，天气、土壤等因素始终影响着作物的生长。当前，农民的维权意识提高，遇到种子纠纷问题往往会想到走法律途径来解决，也会走上访这条路。

“陆丰萝卜案”从2014年4月至2015年10月，我进行了长达一年多的跟踪报道，共发表稿件10篇。报道引起地方政府高度重视，有关部门及时处理，助农复产，一定程度上避免了群体性事件的发生。另外一方面，整组跟踪报道引起了国内种子行业的高度关注，中国种子

年度秀 2

作品名称：《千亩订单水稻减产 供种方竟说不出种名》

刊载媒体：《南方农村报》

发表时间：2015年10月29日

作品影响：随着土地流转的推进，规模化种植很普遍，订单生产作为一种常见形式，解决了种植户销售的难题，但也隐藏了种子来源不明、订单合同违约、责任难以分清等潜在问题。该报道正是这种情况的典型例子。文章发表后，网易、搜狐等门户网站纷纷转载。

南方农村报 07 农村财富

千亩订单水稻减产 供种方竟说不出种名

8个农业展会获5A级认定

广东首个省级农产品加工园区落户台山

协会蔬菜种子分会等行业协会就案件的研判组织了三次座谈会，上百家企业联合签名发布《规范蔬菜种子行业，依法诚信经营》倡议书。一批种子企业高管发表评论表明观点，法律界人士发表文章解释该案，并将本案作为种子推广过程责任认定的培训教材。案件涉及种子经营和推广过程中的常见问题，在激烈的交锋和讨论中，种子经营者法律意识得到加强。

种子法 2000 年出台后，对行业的健康发展起到了极大的推动作用，但多年过去，一些条款已不适应行业形势的变化，2015 年终于迎来了首次大修订。由于该案发生在新《种子法》修订草案公开征求意见期间，南方农村报就此通过全媒体手段征集意见，对案件折射出的一些法律不适用问题，涉及品种审定、非主要农作物登记、品种试验示范、种子经营许可有效区域界定等方面，收集并综合业界意见，最后提交全国人大。

针对当前的行业环境，了解到种子企业的需求，南方农村报以我的名义发起了公开出版《种子纠纷应对宝典》一书的众筹，短短十天便超过目标金额 5 万元。种业朋友圈反响如此强烈，让我惊喜，更给我莫大的鼓舞。作为一个媒体人，尤其是身处行业的媒体记者，你的作品切中行业之痛，给行业人以警醒和启发，可以说是一种作为，而这并不是终点。行业媒体人可以做得更多，新闻报道仅仅是一个契机，更大的意义在于通过延伸报道的影响力，为行业做些有价值的事情。现在的我，更加能够理解《农财宝典》的办刊宗旨——报道改变行业。

我们正着手编辑撰写第一部有关种业的法律读本，它有故事、有案例、有讲解，是一部实用型的种业法律全书。这本书，体现了媒体和种业人联手净化行业经营环境、推动行业健康发展的努力；另一方面，它也是媒体延伸服务的有益尝试。

（作者系南方农村报记者）

说
年度
3

雄“鹰”翱翔在农财新闻

李晓芬

“不会真废掉了吧？”2014年国庆后，刚休完产假的我回归组织，爱八卦、不爱八卦的同事讲了很多有关海英的奇葩爱情故事：与女友一见钟情；每晚视频聊天两三个小时；身处上海的女友一声令下，便立即打“飞的”过去；大小节假日都要有节目安排……

现在啊，小两口已经修成正果，一句经典评语是“海英绝对是找了个提升他生活品质的老婆”。夫妻俩经常手牵手出入团队小范围活动，幸福溢于言表。从此，南方农村报农财部种业组多了一位着装与气质勾搭极其吻合的“精英男”。海英不仅没“废掉”，另一半稳定后的他工作更卖力了，思维更成熟了，思考更深邃了，稿子更有深度了。

尽管对外公开，“鹰一样的男子”是为避免名字误会而标注的，但在我的印象中，签名出现在热恋期间，我的理解是要像“鹰”一样保护身边佳人、家人，同时勉励自己、提高自身要求。这就是海英：传统男人一枚，责任心极强，工作生活有规划，不断自我施压，不向现状认命，要先成家后立业。

同样农学专业硕士研究生毕业的我，身边太多海英这样毕业后进入科研单位的人，对枯燥育种生活、接触面窄、所处地方太偏远、国家对地方科研机构定位不准确等多有牢骚，但为改变处境真正付诸行动的并不多。

海英“换”得很彻底，换城市、换工作性质。我的理解是海英2013年面试通关的主要因素之一，当时他大有破釜沉舟之势。

从科研工作者转到新闻农民工岗位，保持不变的是经常下乡下地，而毫无新闻操作经验、文笔一般、稿件偏向论文式是横亘在海英面前的主要难题，这也是本报众多农业院校毕业生面临的困惑。

这一阶段的困惑，在海英身上并没有持续太久，所谓攻略不外乎多看（好作品）、多学（采写技巧）、多练（勤跑勤写）。海英上道很快，来报社第一天便被派去采访水稻展示会、报道推广应用的几大新技术。整版稿件

@欧士考：从樱花树下的文弱骚客到鹰一样的男子，再到花城英少，这么快就问鼎年度记者，"骚"出新高度，不得不让人羡慕嫉妒恨啊！记得英少没来之前，大家从名字看还以为是个美女，见面才知道原来是个纯爷们。不过当时就挺佩服你的，放弃了事业单位的安稳生活，带着梦想和新闻理想独闯广州。还有，你追女朋友时的"坎坷"经历，兄弟你是真心不容易啊！这也体现出你是真适合做这一行：敢想、敢做、敢追、不放弃！加油吧，骚年！相信你一定能够在新闻岗位上释放更大的能量，获得更多的新闻奖！

呈现在报纸上，虽不是深度调查稿，但从这组稿件可以看出，在科研岗位历练一年的海英，写稿严谨，学习能力强，是位货真价实的靠谱男。海英上学主攻玉米育种，要写水稻方面的稿件，少不了一顿恶补。逐渐地我对当时留下海英的决定感到窃喜，将其列为重点培养新人。

2013年年底，尝试做深度报道《广东花生良种补贴和政府采购调查》，海英的不足立马显露出来，当然这与首次独立操作选题有莫大关系。自我设限，领题后讲，困难多于解决办法，与政府、企业周旋不够老辣。跌跌撞撞完成了此组专题调查稿。尽管没有将这一灰色链条彻底揭开，但报道还是引起了广东省农业厅高度重视，逐渐规范、公开政府采购花生种子的流程。

认清自身问题，应该是海英操作这组调查稿最大的收获。做调查稿，记者接触到这个题材，没有兴奋劲最好不要接，编辑也不要派。不断提问，不断核实往往才能找到破绽，一定要追着撕开的口子，变换方式、更换采访对象打破砂锅问到底，耐得住心理考验，才有可能写出产生重大影响的稿件。

在2014年"陆丰萝卜案"报道操作中，可以看到海英已经克服了这些问题。这个事件是南方农村报农财宝典的漂亮一役，海英功不可没，长达一年多的持续关注报道。一枚成熟记者就这样诞生了。

陆丰萝卜案成就了海英，也成就了《农财宝典·种业版》在全国范围的影响力，让这本杂志切地实践行了"报道改变行业"的办刊宗旨。在传统媒体全面转型的时代，记者不再只是记者，有时是项目统筹人，有时是行业调研员、分析师，有时是某大会的后勤保障生，有时又只是一名普通的会务人员。

南方农村报转型以“三农综合服务商”作为定位，海英是优秀践行者之一。2015 年不仅稿子有突破，多次领衔《农财宝典·种业版》封面故事操作，众筹成功《种子纠纷应对宝典》，还作为第二届广东水稻产业大会、种业女神评选活动、第四届柯木塱种业论坛统筹人，高质量完成项目。同时参与了第十四届广东种业博览会、第十二届广西看禾选种大会、第三届南方鲜食玉米大会、中国蔬菜育苗高峰论坛等项目配套的调研、会务等工作。

迎来事业小高潮的海英，还在不断追寻、努力奋斗，雄鹰展翅任翱翔，加油。

（作者系南方农村报农财部主任）

张东明点评

在新闻队伍，两年多的浸淫，刘海英算是个中生代吧？两三年，就熟悉业务、成为骨干，并且成功开拓出自己的报道领域，在一众才男才女中脱颖而出，连创佳绩，海英当赞！快速成长的海英给媒体人树立了一个样板，并且昭示：情怀不是空洞的理想，而是奋斗的目标和行动的指针。做事的捷径就是找准落脚点和发力点。只要你目标明确、只要你意志坚定、只要你求真务实、只要你全身心投入、只要你充分发挥自身优势，就有不一般的作为。

2015 年度记者

痴

余楠

个人简历

南方人物周刊高级主笔。毕业于武汉大学，先后供职于北京电视台、中央电视台电影频道、中央新闻纪录电影制片厂。2010年5月进入南方人物周刊，从电视编导转型文字记者，主要负责影视娱乐文化报道。

2015年度记者

入选理由

余楠是《南方人物周刊》2015年贡献封面报道最多的记者。从8月底开始，他几乎每月完成一个封面报道：《侯孝贤 道孤还似我》《徐峥 囧境求生》《贾樟柯 山河带砺念故人》《陈坤 以行为马》。从这几个封面选题和封面标题可以看出：这是一位专注于影视领域报道的记者，他在这个领域深耕的程度，远远超过一般记者；这是一位对文章和文字有追求的记者，是一个完美主义者。除了采访与写作之外，余楠这一年还做了件非常重要的事情，几乎以一己之力撑起了一个线下活动：电光倒影。这个电影沙龙获得了初步成效并有望成为《南方人物周刊》新的盈利增长点。

年度
说
1

梦里不知身是客

不顾一切地硬闯影视界

延误两个多小时之后，夜航飞机终于开始滑行。再过一个半小时，我会在武汉天河机场落地。从北京到广州，再启程赴武汉，隆冬时节南北奔徙，我的行李比平时出差要多一倍。天气预报说当地有降雨，换作平时我应该眉头一紧，但目的地是武汉——最让我感到踏实的城市，似乎遇到什么状况我都不会乱了阵脚。

走出机舱，没我想象的那么冷，打在脸上的也只是零星小雨。坏消息是接机的友人行程耽搁了。为了蹭暖气，提完行李之后，我坐在转盘不远处的空椅上等朋友前来。同机的人陆续离开之后，空空荡荡的大厅里就只剩我一个乘客。值班的工作人员经过我时，看我的眼神都有些异样。这一幕真像汤姆·汉克斯主演的《幸福终点站》，生命中从来没有一个时刻像那一刻，让我觉得自己是一个旅人。

按原计划，在武汉我会约两个采访，猴年春节要带着这两个选题跨年了。相较而言，2015 年是我最忙碌的一年。从下半年开始，工作节奏就一直是一件事情没有结束、另一件又上了日程。状态最差的那段时间，我辗转在疲惫不堪的乏力和焦虑之中。疲于奔命干完活儿，不加喘息又去赶下一个工。我很清楚这样只能是“完成”，不能奢谈质量。按部就班和机械重复塞满了所有时间，看起来充实，实则毫无进步。的确太需要有个留白，放空时间好好想想一些事。

“我从来没有这么晚接过人，你说你这样忙是为什么？”回市区的高速上，友人问话时，我正看着远处的点点光亮，那是沿途村庄还没入睡的人家。这样夜间赶路的情景，在我记忆里出现过太多次，每次都会让我想家。距离武汉市区 90 公里的小县城，就是我的家乡。18 年前，我离家来这里上大学。毕业那天我没有回家，把拿不了的一箱衣物留给了宿舍管理员，像《开往春天的地铁》里的男女主人公一样，拎着一个劣质的行李箱一个人去了北京。

高考那年，我鬼使神差地提出报考艺术类。在我们那个闻名全国的应试教育名市，这个决定就像中邪，让家长和老师既不解也不安。不解的是，别说我们家了，方圆几十里都没有人从艺，我怎么会想到学电影；不安的是，高考在即，我作为班长自己不踏实还动摇了军心。百日誓师那天，原定我要代表高三学生发言，结果父亲陪我坐上大巴连夜赶往合肥，那是 1998 年离家最近的考点。最后我报考的是北京广播学院（2004 年更名为中国传媒大学）播音主持，当年对行业一无所知的我，还有长辈们不清楚这其中的隔行隔山，总以为推开一扇门，其他的也就是上邻居串门。

毫无悬念地落榜之后，我又回到闷头备考的题海之中。看似一切恢复平静，其实有颗种子从此埋在了心底。大学我学的是管理专业，艺术系的方正老师美院毕业，留着山羊胡，扎着小短辫，一直跟我说要拍电影就只能去北京。在他的影响下，我把考研志愿改成了北京电影学院导演系。那年头没有电话和网络查分，成绩出来那天我人在北京，去学校拿成绩单时漫天大雪。那时心中一团熊熊大火，半点不觉得冷。拆开那个黄色的小信封，逼人寒气一下就袭上身来，裸考的英语成绩真是羞于启齿啊。稍稍挽回颜面的是，专业课得分高得我至今想起依然难以置信。考研英语其实是一个淘汰懒人的体力劳动，零起点的我那两门专业课的成绩还是充分捍卫了黄冈考生的应试尊严。

我们各自怀揣着心头放不下的念想，用记录者的身份行走在这个国家的大地上，流浪他乡也寻找故乡，打量别人也审视自己，继续追问内心要的那些答案。

后来北京电影学院在正对校门的主楼挂起了一个横幅，写着“梦开始的地方”。这六个汉字像咒语一样，改变了很多年轻人的一生。

我至今留着一份北京地图，上面用铅笔圈出了八一厂、中央台、光线传媒、北京台、凤凰卫视、北影厂、中央新影，这些地标是我从南三环夏家胡同的住处坐着 300 路公交沿环线依次途经的所有影视机构。考研失败之后，我选择继续北上，我相信这里面一定有助我圆梦的下一站。

敲开的第一扇门是北京电视台。很多电影拍过北京的夏天，但我觉得最真实的体验，还是出自老舍笔下的《骆驼祥子》。求职那段时间，我在苏州桥下车，沿着辅路往回走。北京的大太阳烤着地面，白得晃眼，鼻子里呼吸的空气都像接近燃点，我总想着祥子就是在这样的毒太阳下拉车。

第一次走上台阶，还没进北京台的大门，我就被门口配枪的武警抬手一拦。我理直气壮告诉他，我来求职。被他挡在门外的人形形种种，像我

年度秀 2

作品名称：《汪涵 乡绅向上》

刊载媒体：《南方人物周刊》

发表时间：2015年5月18日

作品影响：关于主持人汪涵的这篇人物报道虽然是当期杂志的一篇内文，却具备封面文章的分量。报道在新媒体平台发布后，微信阅读量迅速突破“10万+”，配合本报道的视频采访更获得近180万次的观看。

这样的愣头青应该屈指可数。我是在网上看到财经节目中心一档节目招编导，激动得一夜失眠，天快亮才睡着。我既不懂民生财经，也没有做过编导，真搞不懂当时踌躇满志的兴奋从何而来。门卫大爷听完我的来意后，帮我拨通了栏目组的座机。电话那头的未来同事，告诉了我制片人的电话。

应该感恩先后接纳我的两位制片人：肖燕萍和杨晓轩。还有后来的许燕老师，尽管我年少轻狂的冲动个性，时常在各种场合顶撞她。现在想来，她是一个善良和敬业的好人。第一年春节赶特别节目，我和几个小伙伴五天四夜几乎没有休息，完成了播出带合成。交片那天是腊月二十七，隔壁机房一个女编导的片子刚刚被毙，北漂们该回家过年了，剩下她一个人在那里孤零

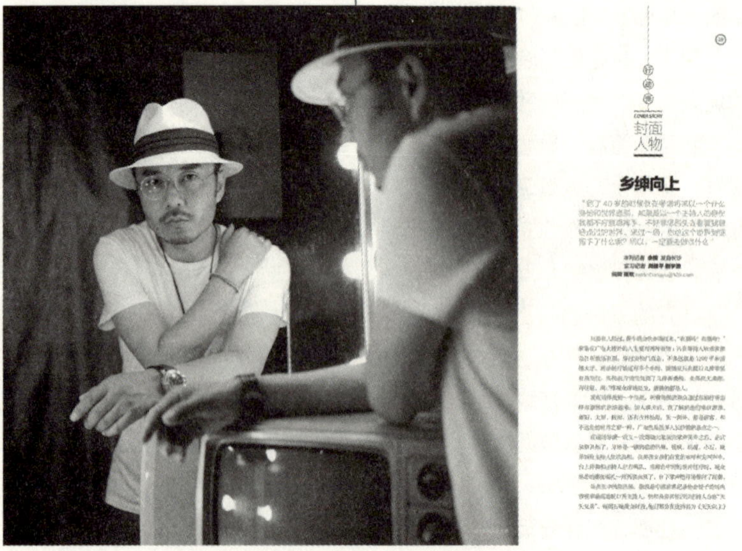

零重新修改。青春在异乡脆弱仓惶的日子，梦想很远，爱情也很远。

后来我又报考过一次田壮壮导演的研究生，落榜之后我就放弃了这个念头。对于不得其门而入的电影青年来说，学院这个血统依然是最容易从业的捷径。我在电影学院旁边的一座老牌电影厂开始了新的职业生涯，开始做央视播出的那些纪录片。那一年我 26 岁，查建英出版了《八十年代访谈录》，老六出了《闪开，让我歌唱 80 年代》，突然间我出生的年代闪闪发光，让很多人眼眶湿润。台里一位纪录片大拿在博客上说，打算做一组片子怀念 1980 年代。这位制片人近年来以美食专栏和《舌尖上的中国》闻名，其实他带团队做过很多可以留下来的优秀纪录片，他就是陈晓卿。我给他发了一条短信，后来我加入了《现象 1980》的编导团队。

我从来没有告诉过陈总，这是我第一次做电视纪录片，所以他应该至今仍不知情。在那之前我做过的节目不是资讯就是访谈。他应该是拿我当新影厂的成熟编导看，有些失望。所以当他在一次私下的饭局上，让一位比我年幼的小兄弟带带我时，我心里有些委屈，也很不甘。两年后我又在他的栏目组做了《甲子》1949 年的上下两集，也是赶春节播出，一次过审。这是一位我至今依然敬重的电视前辈，如果能够一直在他的组里做片子，我后

年度秀 2

作品名称：《陈坤　以行为马》

刊载媒体：《南方人物周刊》

发表时间：2015 年 12 月 21 日

作品影响：无论是对于演员陈坤的粉丝还是看过他表演作品的普通读者来说，这篇封面报道都让读者走进了这位演员的精神世界。资深媒体人杨锦麟在点评此文时写道："演戏全情投入、热心公益活动、有自己虔诚的信仰，这么详细了解陈坤，是通过本期封面文章。"

来应该不会离开央视。

而立之年转做文字记者

进入《南方人物周刊》时我已经 30 岁。男人而立之年，身上那股血性正浓，渴望志同道合，也希望感受到自己还能进步。当时我们的高级编辑蒋志高曾经在另一家兄弟刊物和我短暂共事，邀我加盟时我只看过一期他编的封面《卡梅隆大帝》。如果拿相亲作比，我应该是一眼看上了对方。只是那时我犹豫的是，我要做的不是电影吗？怎么变成了文字记者？

在南方人物周刊的这 5 年，也是我最好的时光。太多的人对我有知遇之恩，他们给了我足够的空间任性发挥，也给了我太多的鼓励让我顺势成长。我拿一个正式的记者身份，站在很多影人和电影项目旁边，借每一个选题，补上了不输研究生班的那些电影课。实战案例给我的营养、意义可能会远远大于书本。

还有一点：我一直坚信，用不了几年，我共事过的这些《南方人物周刊》同事不管是不是记者，锥处囊中的他们都会在自己的领域脱颖而出。这群人和我一样，各自怀揣着放不下的念想，用记录者的身份行走在这个国家的大地上，流浪他乡也寻找故乡，打量别人也审视自己，继续追问内心要的那些答案。也正是这样一群人，让我觉得 5 年前的选择做得对。

我在过电一般的重温中，匆匆回望了离家之后的这些年。2016 年是我的本命年，我的私心是借此提醒自己，不要忘了当年那个毛头小伙面对茫然不知的未来，曾经如此赤诚和勇敢。彭晓莲导演说："我知道这个世界从来都不完美，要做成一点事总是很难。但是你也要知道，那些容易做成的事，往往意思不大。"生命里越是有分量的事情，实现它就越是拼时间和耐力。

当年高考我填报的第一志愿是广播电视新闻。错过之后，我毕业赴京，先做了电视编导，后来又成了记者。冥冥之中那只无形的大手，才是命运的最佳导演。下一站会是哪儿呢？

贾樟柯导演曾经在职业生涯的新突破将要到来时对自己说："面对未来，我充满了希望，也充满了恐惧。"我在旧历岁末面对 36 岁的未来时光感受正好相反，关于明天，我充满了恐惧，但也充满希望。车进市区，望着灯火通明的城市，我想到不远处另一座城市里两位已经入睡的至爱亲人，又一次满是勇气。

（作者系南方人物周刊高级主笔）

说
年度
3

其实，他是一个导演

郑廷鑫

前段时间，崔健又一次成为新闻人物：先是在选秀节目《中国之星》上的直言引起争议，又在时隔多年之后发行新专辑。和经纪人商量之后，向来低调的老崔终于同意接受一次媒体采访，他们把这个独家专访机会给了余楠：这个记者能够写明白个中是非曲直。

这样的状况，应该是很多记者的追求。但我总觉得，把楠哥称为年度记者，或许有些“名不副实”——其实，他是一个导演。记者这个身份对他来说，只是通往大导演殿堂时所路过的一条幽暗小径。他跟我说过：“我喜欢拍片子，没有拍片子的时候，我就拿稿子当片子玩，所以我每次写一个稿子，都是讲故事。我跟学生们说，我就是在纸上拍片子。”

虽然他的第一部电影长片还没有拍出来，但他对影视行业的了解和介入之深，远远超过了普通记者。他曾在央视的电影频道和中央新闻纪录电影制片厂工作过，拍过不少短片、广告片，参与过不少影视作品的制作。对这个行当里各种不为外人知的掌故了然于胸，与很多如今当红的人在多年以前就有过合作……

作为一点都不红的人，我第一次与楠哥合作也是在多年以前。那是辛亥百年的时候，他采访了导演张黎。这位拍出过《走向共和》的导演，在那一年拍了电影《辛亥革命》。看完楠哥的文章，我才知道作为下蛋的那只母鸡的不易。在艰难的处境里，如何尽可能去坚持自己的理念，让我想起《论语》里子路所说的“行其义也”，虽然“道之不行，已知之矣”，虽然最终的结果也很难让人满意。所以我起了一个标题：《一场革命一场梦》。后来楠哥给我发信息（那会还没有微信呢）说，他很喜欢这个标题。我想，此后我们有那么多次的愉快合作，应该就是最早这次合作的标题给他留下的好印象，让双方互相有了信任感。

与楠哥的合作是愉悦又折磨人的。愉悦的是总能在他的文章中看到编辑最为期待的干货，并且文字非常干净；折磨的是后期会不断被他“骚扰”，

@卫毅：楠总最爱电影，十句之内必有台词。当他的许多大学同学成了保险系统领导的时候，他仍执着于自己的电影梦。他一手写片子，一手拍片子。我觉得，他的年度记者是为年度导演做准备的。中国电影报道因他而受益良多，下面该轮到中国电影了。楠总有两个微信名，一个叫“快跑”，一个叫“莫停”。猴年来了，导演快跑，理想莫停。

文章已经排好版了，只要杂志没下印厂，无论是凌晨几点，他都会不断地发信息：某个地方有个标点要改一下、某一个词要换个表述、某一个字用得不大妥当你帮我想想有没有别的字……只要在工作状态中，他永远都是跟打了鸡血一样。

作为一个懒散的人，我很好奇他对自己要求那么高，动力从何而来？于是问他。他给我发来长长的一段：

“我性格里确实有完美主义和偏执狂的一面，就是我知道的错，我一定把它改过来，不到最后一刻都不要停止，还可能有更好的思路，还可能有更好的创意。我拍片子也是这样，现场制片会说，导演加快，不然今天拍不完。对于我来说，哪有什么拍不完呢，拍不完继续拍啊。现场我放松要求，后期面对素材，我骂人都没有对象，还是要自己承受这个结果。所以只能尽自己最大努力。谢晋导演经常说，拍电影就是手上捧着水，最后看谁剩得多。就是这样，创作同时一路流失，这个环节损失一点，那个环节损失一点，你说再放松要求，最后真没法看了。我喜欢的导演都是这样，所以我真的是超喜欢张黎，他就是这样。还有我自己的一个心得就是，我都尽了全力，还是发现离我理想的状态差那么远，所以我只能每次都尽最大努力，如你所说，要求高一点。我可能毕生都达不到自己最满意的状态。”

作为一位导演，楠哥有个特别的理想，想拍一部关于朱熹的传记片。他曾让我推荐一些相关的书，以慢慢做功课。这个想法把我吓了一跳：题材太大了。面对这么一位影响中国人近千年、如今又饱受曲解的先贤，该如何说起？不过，我还是很期待他完成这个计划的，因为除了完美主义之外，在他身上，还能看到一种在当下非常稀缺的特质。

有朋友跟我提过，他读楠哥的文章时，有时会觉得太过于温和，不够过瘾。我明白他的感觉，但不认为“尖锐”与“过瘾”有多么重要。对史学感兴趣的人大都知道，陈寅恪先生有一个著名的“了解之同情”的说法，就是“对于古人之学说，应具了解之同情，方可下笔”。陈先生解释过这句话：“所谓真了解者，必神游冥想，与立说之古人，处于同一境界，而对于其持论所以不得不如是之苦心孤诣，表一种之同情，始能批评其学说之是非得失，而无隔阂肤廓之论。”楠哥显然也是因为了解而有了同情——这个“同情”不是我们平时理解的意思，而是指有相同的情感体验。就像他自己说的：“我写行业里的人，就希望让读者相对多一个维度了解影视圈中的人，了解他们的生活、他们的工作他们的压力、他们的焦虑。”

可惜在社交媒体上，读者已经习惯了那种“语不惊人死不休”的文风。许多作者为了迎合，就更加偏激、更多的情绪化表达，就是所谓的“隔阂肤廓之论”，读起来过瘾，却离事实更远了。在这种集体无意识里，不迎上不媚下，认认真真地讲出更接近真实的故事、抵达更真实的人性，才是媒体人应该坚持做到的。

我一直记得，有一次与楠哥讨论关于“小鲜肉”与90后的选题时他的态度。他说，媒体应该关注这种现象，但要让年轻记者来操作，他觉得自己很难理解这一代人的想法，他只想也只能做那些自己能理解的人——这多么像另一位大导演小津的话：“我是开豆腐店的，我只卖豆腐。”

（作者系南方人物周刊编务总监）

张东明点评

没有完美的追求，哪有完美的业绩？正是由于完美主义者的孜孜不倦与痴迷追求，才成就了世间的完美无瑕和登峰造极。完美主义者对自己的极端苛刻，源于对事业与职业的忠诚和热爱。这种极端苛刻，局外看来也许过分悲苦，然而当事者却乐在其中。余楠们对事业的痴迷，也让我们分享了作为同行的荣耀！

2015 年度记者

拗

魏蔚

个人简历

四川人，双鱼座，A型血，毕业于武汉大学信息管理学院。2010年8月入行，曾是时政新闻记者，因热爱生活而来到城市画报成为一位生活方式编辑。着眼于生活的细节，扩大日常的美好，喜欢吃欧式面包，爱喝美式咖啡，在四川人里吃辣能力是弱鸡，在广东吃辣战斗指数可升至战斗机。爱吃，也爱运动，善于发掘城市的亮点、优点，并将它们细腻且优美地表达出来。

2015年度记者 入选理由

魏蔚，城市画报编辑，2011年8月入职。在生活方式报道领域颇有建树，并拥有深厚资源。2015年，在纸媒大环境萧条、杂志采编人员流失严重的情况下，她坚持自己的杂志理想，专业敬业、认真负责、任劳任怨地承担起了众多采编重任。她操盘的几个封面大专题都出色完成而且获得热烈反响。她还兼管新媒体微信号的采编内容，令采编部与新媒体部资源互通。拥有新媒体的眼光与经验，也令她的采编能力在专业的基础上与时俱进。

年度
说
1

挖透喜爱的生活　做出有趣的报道

在进入城市画报成为一名编辑记者之前，我在一家都市报社做民生、时政新闻。那一年的工作需要随时待命，我也曾经历过暗闯某地采访差点被安保“拘留”，最后好不容易写出来的稿子却因一条禁令短信“胎死腹中”的桥段。那一年不成熟的成长时间，由于各种原因想要离开，随后在城市画报招聘截止日那一天，得益于朋友在 MSN 上扔了一句“发一份简历过去你并不吃亏”，我最终成为城市画报的一员。

在这里我想很郑重地感谢这位朋友。尽管 MSN 已经淘汰进历史河流，而我们也不再那么频繁交流，但能在城市画报成为一名记者兼编辑，着实是一件很快乐的事情。

在开了很多次编辑会以后我才注意到，曾位于集团经管楼 11 楼的会议室里，贴着一张巨幅海报，从广东走出来的模特李艾摆着一个放到现在也很时髦的 pose，海报一角是手写的“你快乐吗？”在后来很多场合里，我发现这个简单的问句在很多老城市画报人口中不断提起。相比“跳起来够的着的生活”这个近两年更频繁的 slogan，“你快乐吗？”是含蓄却直击内心的一问。我偶尔也会拿这句话默默地问自己，而我的回答，是大写的 YES。

一个没有起伏的新人记者

其实，刚进入城市画报工作时，我有很长一段时间处于慌张的状态：前辈不断地告诉你要找选题，你却一片茫然，就像面对盘子里的烤鸡，完整且外酥里嫩，却让人无从下手。报上去的选题似乎都和杂志的风格不符，这样一轮轮的不合适只会在心中堆积更多的彷徨和焦虑。似乎表现真的太差了，在入职几个月以后，领导借着几个同事看展览的机会和我聊选题，并当场布置一个作业，让我马上就这次展览构思出选题提纲来。我对这个展览并不太感兴趣，更因为提前知道这是一次命题作文而整个人紧绷了两个小时，我甚至都没听清楚领导和策展人在聊什么。交卷时，我的回答显然让领导非常不满意，丢下一句："我当然很生气啦！你都从来没好好想过选题！"这让我在入职刚几个月时，很怀疑自己是否换错了工作。

因此在很长一段时间里，我只是一个没有起伏的新人记者。就在"看展事件"过去不久，我试着报了一个关于屋顶菜园的选题。我一度每天都在翻看摄影师 Todd Selby 的网站，这位著名的摄影师在全世界拜访各类有趣的人，其中就在布鲁克林拍摄了一组名为"The Eagle Street Farm"的图片。在这组叙事完整的图片里，一群人在屋顶摘番茄、收鸡蛋、割蜂蜜，身后不远处就是曼哈顿的天际线。"啊原来那就是歌曲中所唱的 concrete jungle！"我当时想着。再配上受访者亲手画的插画，内容是 Todd Selby 和受访者的问答。整组图片让我第一次感受到，原来好看的照片能给到人如此的愉悦和遐想。我对屋顶农场产生了浓厚的兴趣，我想将它们的故事找出来，告诉别人。这个专题也就成为了我第一个操作执行的大专题。

不断追求自己喜欢的东西，并做到极致。"你快乐吗？"是含蓄却直击内心的一问。我偶尔也会拿这句话默默地问自己，而我的回答，是大写的 YES！

收集案例、找资料、联系采访对象，从广州、上海的屋顶案例，再到日本的绿化公司：我在网上关于日本种水稻的写字楼照片里寻找蛛丝马迹，最后发掘出这家公司的名字，并顺利联系上他们，拿图片、做访问。正巧办公室流行种番薯，随着专题的推进，番薯苗叶也不断长大变厚。当五六个国内外的案例都拼合在一起时，整个专题立体丰满，并表达出了"城市农耕"的气质。就在这时我隐约感觉到，把自己喜欢的东西做出来，事情会变得简单，也可以做得很好。而这时，我入职已经 10 个月。

在"吃"中成长起来的编辑

回想起来，虽然我在成长先期有些发展缓慢，好在我找对了生活报道的要点，自此在一名杂志编辑的路上悄悄点起了一盏小油灯，不那么闪烁，但摸到了方向。我开始思考我喜欢什么、想表达什么，于是有了《大厨逛台北菜市场》《男子厨房》《世界残酷 早餐温柔》《厨师革命》《梦想变现》《以食度夏》等很多和吃有关的专题。啊，没办法，我觉得活在世上，和买房子买车子相比，满足自己的口腹真的是很简单却又最容易找到"幸福感"的办法。在这个城市里吃到一顿好食物无非三五百，但那个味道可能

年度秀 2

作品名称：《爱情简史》

刊载媒体：《城市画报》

发表时间：2015年2月

作品影响：是2015年期刊销量前三名。

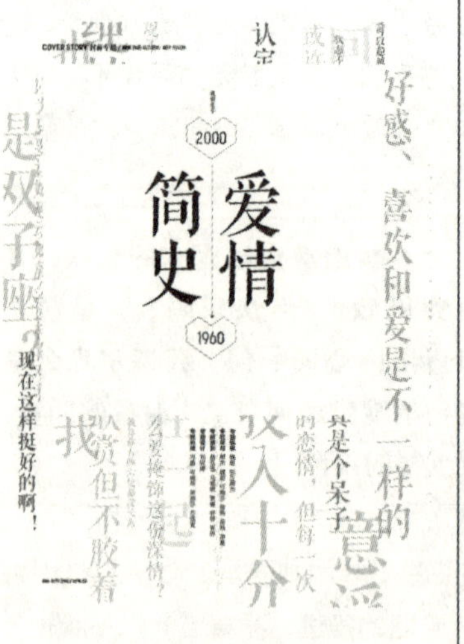

会让你记住很久。所以，我一直试图将“吃”这个主题发挥尽兴。

所以我做了早餐选题，早餐是很多人不重视、实际上却很精彩的一餐，鸡蛋、肉、蔬菜、水果、面包、奶酪……光是西式餐点就已经可以拼配出各类风格不同的早餐，更何况中国每个省份的餐饮不尽相同！我多希望看了早餐专题的人，能更多地爱上早餐，活力满满。在男子厨房专题，我顺便感受了一下明星封面拍摄的流程（那一期约到黄渤做封面明星拍摄，他在厨房现场为大家制作了凉拌苦瓜），一想到各类型男生制作的精美菜品，就觉得厨房的有趣不仅仅在菜本身。试图将“吃”发挥彻底，我在公认食欲最不好的夏季，制作一期关于夏季食物的专题，小凉菜、应季蔬果，再没有食欲的人也会被这些时令鲜食所打动吧？

正因为“吃”，我结识到了各色不同的人群。譬如在Ted演讲自己环保餐厅的Arthur Potts Dawson，是《厨师革命》的案例之一：他试图用运河的水来给餐厅进行温度控制，抛弃掉中央空调，以达到环保的目的；他开办了“人民超市”，售卖当地新鲜的蔬果牛奶造福街区人民。为了完成采访，我最终和这位英国大厨打了30分钟的电话，虽然英文表达不那么顺畅，挂掉电话却意识到“我居然和只能在屏幕里看到的人聊了半小时”。再譬如台湾厨师乔艾尔，因为在部落格（博客）写自己去菜市场实习的故事而受追捧，为了他的专访，我、摄影师和乔艾尔以及他的助理团队，凌晨 1 点从台北出发去基隆渔港，再逛到新北市街区菜市场，从子夜到日出，却因此结交了很会拍照的台北摄影师和有想法的年轻厨师（在此也要感谢一路陪着逛市场的阿辉姐姐）。再譬如为了制作夏日美食特辑，我们驱车前往阳江，和青年艺术家方亦秀一起在老家小渔村里煮鱼炒虾，爬树上摘黄皮，看他在老家进行的艺术项目，但更多的是聊夏日渔村的生活琐事。

回想起来，逛市场、在海边的画面依然很鲜活，我还记得乔艾尔早晨带我们去吃早餐铺的肉羹味道，有点尴尬的咸混杂着甜，虽然我吃完了一整碗，心里却稍微嫌弃它味道太寡淡。

认识不同的人、长见识，还只是很“公事”的一面。这份工作更影响到我的生活：交到了好朋友、好长辈——来自台北的作家韩良忆老师。2012 年对厨房已经深深着迷的我，去了她的新书讲座，讲座后的采访环节聊得兴起，第二天便和朋友一起邀她喝早茶逛市场。之后韩老师来广州参加活动或我去台北游玩、采访时，我们总会找机会见面。2015 年春天去台北时，我也有幸去韩老师的电台节目做嘉宾，一起聊四川和台湾的美食。我们联系

年度
秀
2

作品名称：《最美出租屋》

刊载媒体：《城市画报》

发表时间：2015 年 10 月

作品影响：是 2015 年期刊销量前三名，文章在新媒体平台反响热烈。

年度秀 2

作品名称：《台北挖到宝》
刊载媒体：《城市画报》
发表时间：2015年6月
作品影响：是2015年期刊销量前三名。

不算频繁，但我在遇到一些生活上的问题向她寻求建议时，她也会和我聊很久，让我收获良多。

把“好看”对待得特别认真

食物类专题是我的偏好，把它们做得“好看”更是我的追求。

“好看”在呈现上很直接：图拍得漂亮，版面设计清爽大气，灵活运用小元素。从这个角度来说，我也许是一个不合格的文字工作者，因为我总会为了好看的版面，不断让步文字的空间。可这并不是一件不对的事呀，毕竟一个好看的杂志、一个优秀的专题，绝对不应该只有精彩的文字，专题在我眼中更像是一幅完整的作品，有好的文字和图片，有恰当的节奏编排，并能恰恰好地体现出这个专题的气质性格，就好比一碗味道精当的红烧排骨，除了排骨要新鲜，川味泡椒、花椒、八角等作料也需要比例刚好，才能味道满分。

我在这其中，发觉了插画这个有趣的元素。生活类杂志里，插画似乎是一个万金油：相机拍不出来的东西，可以用插画画出来；图片不够理想的时候，也能用插画来丰满。曾经接手一篇稿子，是前同事许晓采访台湾纪录片作者瞿筱葳的稿件，聊她追寻奶奶年轻时流亡的脚步、在大陆地区找寻奶奶的十一道菜的故事。能拿到的照片都是民国时期的老照片，最新的照片也是接近20年前的翻印彩照。最终，我决定找我的好朋友、插画师小夏，画一套瞿筱葳奶奶的菜谱，水墨笔触有历史感，让内容生动立体了不少，一个寻味的故事也变得丰富活泼。之后的《梦想变现》专题继续沿用了插画元素：我在全国收集了6家新兴小店，包括咖啡馆、私房菜、早餐铺和植物景观综合店铺，小店风格各不相同，却都透露出年轻人的新想法、新期待。在和插画师商量一番后，我们决定将这些梦想中的小店都汇聚在一条街上——那是一条充满梦想又都实现梦想的大街。

逐渐地，同事们都知道我希望专题很好看，甚至到了执着的地步，“无所不用其极地让稿子变得美美的。”这也是我的收获之一吧。

如今，在步入城市画报的第5个年头，我大概已经是“老油条”了：对专题的操作相对熟练，能应付各类作者、采访对象出现的状况，不再干捉急大喊“怎么办！”我曾经对自己的工作很怀疑，怀疑它的意义，可在读者表达很喜欢我的某个采访时，心中还是不自觉地有些满意和欢喜。

工作之余，我依然爱吃，尤其喜欢黄油枣泥饼；爱健身，每天运动一小时，每周至少五次；爱发掘每个城市有什么好店好去处，导致

年度秀 2

作品名称：《岛国工匠新活术》

刊载媒体：《城市画报》

发表时间：2015年11月

作品影响：报道详实细腻，颇受读者好评。

我一度在上海出差吃坏肚子，回广州连清粥都喝不下；喜欢搜集好看的照片和插画……再从中寻找做专题的可能。很多时候，我依然觉得自己是一个没有起伏的新记者，普通的文字水平、尚可的言语表达，然后抱着这份“没有起伏”的心，不断追求自己喜欢的东西，并做到极致。

（作者系《城市画报》编辑）

说
年度
3

执拗地追求完美

陈蕾

魏蔚来城市画报时间不短，因为分处不同城市，我们只见过 4 次。虽然这样，她的形象仍然清晰明确。

第一次见，是去汕头南澳岛开年会，中巴倒数第二排坐着个圆脸圆眼睛短发小姑娘，肉乎乎小猫脸，完全是一坨萌版邓丽君，让人忍不住总想逗她说话，可她金口难开。这跟之前看魏蔚稿件的感觉无法统一：她那时写出的文章，显著特征就是充沛的表达欲，想说的话特别多，伶牙俐齿千头万绪齐头并进，表达观点时特别理直气壮。

那次年会，她差不多是城市画报采编团队年龄最小的一位，休息时跟着大家玩“重口味”游戏，总感觉她像走错了门的小学生，幼稚且呆萌。可没想到只不过几年时间，这个“小学生”已然成了城市画报的中流砥柱。《城市画报》这两年间叫好又叫座的几期大专题——台北文创专题、日本手工艺人专题、最美出租屋、爱情简史、梦想变现、以食度夏、甜点手做人等，都是她操刀主理。

据说魏蔚刚来城市画报时曾被误认为个性不够突出。然而没多久，大家发现在某方面她天赋异秉。这就是“吃”。她总是能在初到某地时，就飞快完成海量资料搜集，然后凭借与生俱来的敏感，在这些信息中发掘出有特色的当地美食。

有一年，春节过后返工，整个城市画报都洋溢着一种异样的兴奋喜悦，连我们这些远在异地的驻外记者都感觉到了这种不寻常。原来，这一次新年返工，大家不仅有开工利是拿，还能吃到魏蔚跨越了千山万水、手提肩扛带回城市画报的一大包猪鼻子。魏蔚用一枚枚 Q 弹糯香的卤猪鼻子，更新了很多同事的饮食档案。

南澳之后，第二次见面在广州，同样是年会。还是写很多字却说很少话的魏蔚，开着开着会，突然递过来一个油蜡纸包。打开看，是一块自制巧克力蛋糕，不甜，略微干燥，用小叉子扎下去扑簌扑簌掉巧克力粉，很

@陈蕾：她很爱吃，对此事的执着称得上天赋异禀。她热爱黄油枣泥饼，也热爱青山七惠，她愿意为喜欢的东西执着又坚持。她可以为了好吃的东西坚持高强度运动，也能为了好看的版面死磕到底。这就是城市画报的迷糊"小邓丽君"（嗓子也不错）。

少吃到用料这么扎实的巧克力蛋糕。隔着油蜡纸包，是一脸认真沉静的魏蔚，已经完全看不出前一天她赶回办公室时那副愤怒的神情（因为没有看到应她要求带回广州的北京点心）。她当时站在办公室走廊执着质问："我的黄油枣泥饼去哪里啦？"以我们有限的交往历史，只见过魏蔚对两样东西如此执着：一个是北京稻香村的黄油枣泥饼，另一个是日本女作家青山七惠。

魏蔚喜欢青山七惠，两人的文字风格也有某种相似，都会对生活中一些细微之处充满近乎狂热的描摹热情。忘记是什么时候，青山七惠到访广州，城市画报争取到了采访机会，由魏蔚来完成。这一次她不仅交出了非常出色的稿件，而且开始了一场"关于青山七惠的漫长追逐"。作为一个远距离旁观者，在听说了"魏蔚要争取青山七惠在画报开专栏"这件事之后，几乎隔几个月就会听到一些隐约进展，每次都会想：啊？这件事还在搞？

不知道到底用去多长时间，直到某一天翻开杂志，终于看到了青山七惠的专栏。在高兴、佩服的同时，也忍不住好奇：黄油枣泥饼、青山七惠，下一样东西会是什么呢？

第三次见面在北京，照例还是跟吃有关。啊，说到这里必须要说明一下，不知从什么时候起，基于魏蔚的天赋、热情以及强大执行力，城市画报跟美食相关的工作，几乎由她包揽。不过这一次，隔着热气腾腾的羊蝎子火锅，却聊了很多关于如何凭借意志力完成高强度健身的事。即沉溺于美食，又几乎一日不停地保持大运动量锻炼，圆圆脸小姑娘的线条变得越来越清晰，直到去年年底第四次见面时，甚至有了几分帅气。

这几天，跟广州同事打听关于魏蔚那些"我所不知道的事"，其中一桩让人颇为意外。多数时候被大家视为城市画报开心果的魏蔚，也有"一触即怒"的事。

“是因为黄油枣泥饼吗？”我忍不住猜。

“当然不是！”同事说，“魏蔚做编辑，非常重视视觉！这个你不知道？她特别爱把版弄得美美的，这是她很重要的特征！”

“怎么弄？没事就坐在设计旁边？”

“当然不是！她会在这方面投入好多精力，从刚开始动手的时候，准备的阶段，就开始想图片和版式。所以呢，最容易看到魏蔚生气的时候，就是她觉得自己的版不够美的时候。”

“但是有时候觉得她穿衣服都没有那么较真啊。”我想起某次年会，魏蔚迷迷糊糊穿了顺色的毛衣和裤子，被人误以为是穿了连体裤的事。

“总之，魏蔚就是发自内心地认为好看很重要！”同事继续强调。

好吧，想想也是，如果没有这种执着，那些一贯好看的专题呈现，好看的专栏版面，还有每月一次的漂亮月历，也的确是不太好解释呢。

（作者系城市画报编辑部文化总监）

张东明点评

在平凡中发掘美好，给生活增添趣味。魏蔚像农人，辛勤耕耘；像匠人，精心雕琢；像厨师，悉心烹调。她奉献给读者的，是精美并且营养丰富的精神食粮。在默默中，她让人们享受了愉悦、收获了新知，悦人悦己。所以，魏蔚在快乐着。

2015 年度记者

琢

黄昀

个人简历

湘潭大学文秘本科毕业后，曾在中学任教。1999年转行成为时尚杂志编辑记者，曾在《希望》杂志任编辑、记者、编辑主任等职。2009年转任《花溪》杂志执行主编，2011年任时代周报文化部记者编辑，2014年任南都周刊主笔。

2015 年度记者

入选理由

毫无疑问，黄昀（佟佟）已经是中国顶尖的人物作家之一，但她同时也仍是勤勉、谦逊的记者之一。她对人性的观察犀利，但不咄咄逼人；她从不放弃追问，但明白应当如何尊重对方；她知悉人性的弱点，但不失哀矜之意。正是这种兼具明敏与真诚的性格，令她总是赢得采访对象的信任。很多所谓的独家猛料，她信手得来，似乎全不费功夫。她写人物，更透过人物写时代，在每一个个体的背后，都有着对世道人心的喟叹、对人性幽暗面的发掘——但更重要的，还有一层温情和善意的底色。

年度
说
1

做个热爱工作的石匠

2015年的最后一晚，家里依旧热闹非凡，电视声、游戏声、邻居小孩子们的吵闹，我依然按惯例坐在书房里。我在书桌前忙东忙西，看看微信、找找图片，顺便整理东西。准备把2015年的日历扔掉的前一秒钟，又恋恋不舍地从1月翻到12月，一整年的忙乱都写在那密密麻麻的格子里，各种交稿期限，各种采访的人名——李银河、杨丽萍、林青霞、金星、小宝、宋以朗、冯唐、查小欣、毕飞宇……各种地点——杭州、上海、北京、香格里拉、武汉、昆明、意大利、挪威还有首尔……飞了多少地方已经不记得了，只记得生生把自己飞成了银卡会员。这一年印象最深刻的是撞上北京最冷的一天去采访田朴珺，上飞机的时候，因为时间仓促，忘记穿棉袄了，结果穿着夏装去了北京，永远记得穿着一件薄袄子在北京下着雪粒子的傍晚里找不着路的仓皇，一度我几乎怀疑我会冻僵在这个无亲无故的城市。直到找到一台三轮车，在寒风中抖抖索索跑到了田小姐楼下，在她温暖芬芳的办公室对着一个漂亮的名女人三个小时，一边吃着橙子一边聊着天，有一刹那觉得那种状态有点不真实——特别好和特别差的状态居然在同一个采访里遇到。第二天早上要乘最早班机回广州，突然觉得这不就是你一直想要的职业么？像一个刺客，千里奔忙，只为见一个人，刺探伊的心事，然后写下文章。

我觉得我算是一个幸运的人，小时候的理想一一实现。我小时候有两个理想：一个理想是成为一名人物记者，像法拉齐一样傲视王侯，穿梭世界，把面前人物的喜怒哀乐记下来；第二个理想是成为一名专栏作家，每天写上几百字，卖文为生，弄得好还可以洛阳纸贵。当然这两个理想我都部分地实现了，我是个还不错的记者，也是个还不错的专栏作家。但是也就是中间偏上，离我想要的境界还很远，特别是采访。

2015年最难的采访是采访杨丽萍。她是成名已久的大师，根本不需要采访，一年也就见那么几个媒体。八月间我飞去昆明，和大师呆了一个下午，但一整个下午我几乎什么也没有问到，她没有好脸色，也没有好精神，大约因为在排舞。那一瞬间你对自己的能力产生了严重的质疑，你觉得你眼前是一面墙壁，就算你用尽力气也打不开她，冰冷而无情。我从没有经历过这样的采访，这让我焦躁得几乎想甩本子。当然后来回来写的时候，就更痛苦，因为根本没有采到什么。于是我就翻资料。找她的朋友、找她的视频，两三天没有睡好觉。写大稿的痛苦我以前有过，但绝对没有这次这么久。后来想着想着，我终于想出了一个角度，那就是她何以成为这么一个冰冷的人。这时，整个采访就顺理成章有了脉络。后来写出来，各方面的反响都不错。无论是《南都周刊》微信公号还是我自己个人的公号都有很高的点击率，《今日头条》还过了百万。这就是典型的失败的采访带来更好的文章。

采访是我个人的兴趣，我也喜欢研究同行的采访，也算是写痛苦大稿时的一种消遣。有次我看到一篇著名的庞麦郎采访，记得文章提到女记者进入那个有着腐烂食物、潮湿被单的房间后，看到女服务员一抖旧床单，抖起漫天的硬掉的皮屑、指甲、碎头发和花生皮时，内心就膈应了一下。再往下看，当描写到庞麦郎先生将马桶冲得剧烈抖动时，我就果断地把文章关掉了。对于我来说，这真是一次让人不舒服的人物阅读，不舒服到想吐。这当然不是作者写得不好，恰恰是因为她写得太好了。细节之丰富、人物之丰满，呼之欲出，而且作为常年奔走在采访第一线的同行，我当然知道这其中的价值。要联系一个采访对象，要获准进入他的世界，这本身已经是非常不容易的，更何况贴身观察，看到如此多的细节，还要有能力将它们描写出来。谁能做到？只有最牛的记者才能做到——但问题是，作为读者的我，真的看得极为不舒服。这不舒服是因为在看到一个可怜可悲又可笑屌丝人类的同时，我还看到了他身后那个目光如炬、面沉似水的作者，她像万能之神一样冷冷地俯视着这位人间怪胎，嘴角挂着冷冷的微笑。

人物采访也许是这世间最有趣的工作，同样也是最痛苦的工作。每一次采访都像是一次孤独的旅行。你永远要无限度地接近采访对象，但又要永远置身事外；你永远要心热如火，同时眼冷如灰。

我当然没资格去评点一个同行。尽管写了十来年人物采访，我也没有摸到这个行业的门道。关上网页的时候，我的心情很复杂，喃喃自语道：“嗯，作者一定很年轻吧。”是啊，只有非常年轻元气淋漓的人，才有力气去面对人生如此多的不堪吧。因为非常年轻，才能对不堪有这样不慌不乱的凌厉一击吧。尽管我知道这种残忍是多么有技术含量、多么漂亮，可是

年度秀 2

作品名称：《李银河：她的爱情从来不落俗套》

刊载媒体：《南都周刊》

发表时间：2015年1月2日

作品影响：李银河2014年年末发表《对所谓拉拉身份曝光的回应》一文，坦承相伴自己的伴侣为“transsexual（变性者）”后，第一时间在北京与李银河约到独家深度访谈，成为首家采访她的平面媒体，同时亦积极争取到对其神秘伴侣的采访，抢在所有网络视频与电视媒体之前，发表了长篇专访《专访李银河爱情伴侣“大侠”：他让李银河生命开启了另一维度》，《南都周刊》成为国内首家曝光李银河神秘伴侣大侠的媒体，在这次李银河新闻大战中抢得头筹。《南都周刊》微信公号在3小时内录得10万+转发量，成为当时惟一新闻源，被包括腾讯、新浪、看天下在内几乎所有新闻媒体转载。

对一个酷爱捣糨糊糊的中年人，这真有点残忍。是的，残忍就是残忍，特别是对同类的残忍。

然而，残忍不可耻。它是一个过程，也许是每一个人物记者都要走过的过程。在我们初入社会的时候、当荷尔蒙在身体里横冲直撞的时候、在我们喜欢简单的二元论的时候、在我们渴望扬名立万的时候，为什么不呢？纵横江湖血雨腥风独立洲头以笔为刀快意恩仇，可是等你真正从事这个行业久一点、等你再和你的人物盘桓多一点，你就会发现，事情没那么简单、人没那么简单。你甚至会因为过于复杂而无法下笔。

人生是什么呢？

人生就是泥沙俱下，无法言说。这真是一个有趣悖论，你永远要无限度地接近采访对象，但是你又永远得让自己置身事外；你永远要心

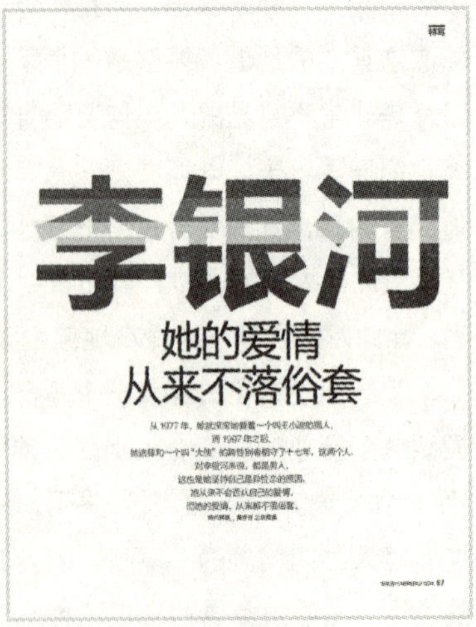
李银河
她的爱情
从来不落俗套

热如火，眼冷如灰。所以我很难理解那些和采访对象打成一片的记者、那些和名人明星们迅速结下深厚友谊的记者，他们怎么还能写得出来呢？

人物采访也许是这世间最有趣的工作，同样也是这世间最痛苦的工作。每一次采访都像是一次孤独的旅行，谁也帮不了你，谁也救不了你。从头到尾，你都只有一个人。从本质上，你就是一个热爱工作的石匠。首先你得上山采石头，先决定去哪个山头，然后你还得勘探地形，你得找无尽多的资料，让你对这座地形险要的山头烂熟于心：他的星座、他的型、他的性格、他的谈话方式、他有可能的激怒点、他最在乎的一段恋情……然后你得想尽办法，去接近这座山，粗暴或者温柔，然后你必须在很短的时间内把原石采下。你得整夜整夜地琢磨，这个应该雕成什么样子呢？他到底是一块什么料呢？你得在最短的时间内拿起你的凿子开始干活，凭着你的直觉、凭着你的经验、凭着你的手势用尽力气把它们迅速雕成你想象中那个人的样子。有的比真实好看，有的比真实丑，有的变成了艺术品，有的成了废物。可无论有多少人骂，又有多少人赞，你知道那都不重要，最重要的是你知道这石像上的每一刀每一斧都展示了一个完全的你——你对人类的看法、你对人生的态度、你对美的眼光，

年度秀 2

作品名称：《李健，春风十里不如李》

刊载媒体：《南都周刊》

发表时间：2015年4月2日

作品影响：2015年2月，因为《我是歌手》的热播，文艺歌手李健一跃成为当时最炙手可热的名星，《南都周刊》亦是不多的几家在比赛期间采访到他的国内权威平面媒体，而刊登李健的那期《南都周刊》亦成为李健粉丝抢购的对象。

年度秀 2

作品名称：《女王杨丽萍》

刊载媒体：《南都周刊》

发表时间：2015年9月16日

作品影响：2015年8月采访新三板上市以及即将退休的杨丽萍，这也是杨丽萍2015年唯一接受的国内平面媒体深度专访。本文在新媒体获得10万+的访问量，亦在包括"今日头条"在内的国内新媒体中获得过百万的点击量。

甚至于你在这个大千世界里的际遇和观感。

你或许有幸拥抱了他片刻真心，或者你不幸只摸到了他的脚跟，这都不要紧，最重要的是你终于满足了你的好奇心。是的，你渴望了解这个世界，你渴望了解同类，你渴望在这孤独旅程里野蛮碰撞里触碰到某种边界——所有的采访里，每一个写作者唯一能确定的事，就是你写的虽然是别人，展现的却是自己。

感谢《南都周刊》，让我有机会去满足我个人真正的好奇心，也可以拥抱这个世界。

（作者系南都周刊主笔、知名专栏作家）

说
年度
3

黄佟佟小记

潘采夫

我不算个勤快人，换个说法就是很懒。所以在报纸当编辑的时候，最喜欢勤快的作者——他们永远不会放我鸽子；也最喜欢努力的同事——这样我才有偷懒的机会。如果这个人文章还写得好，那简直就是神同事了。

黄佟佟就是最勤快的作者、最努力的同事、文章最好的记者。我至今坚信，把黄佟佟诱拐到南都周刊，是我对这本杂志最大的贡献。

倪震出轨之后，周慧敏发了个声明，其中一句话叫“我与倪震识于微时”，我和黄佟佟老师也相识于微时。那时她还没有红，我也小荷才露尖尖角，出身都是小镇、县城青年，都是草根学校毕业，都不甘于小城市里的平庸，怀着功成名就的梦想去大城市，有不少共同的体验。但不同的是，黄佟佟太过勤奋，她用两年的时间，超越了几乎所有的专栏作家，在文娱专栏作家里名列头牌。

有实力不厉害，黄佟佟还有危机感，这才是最可怕的。无论写过多少文章，挣了多少银子，名气超过了多少人，黄佟佟危机感永在心中。这就是彪悍青年的特点——男有刘强东，女有黄佟佟。虽然不搭界，但拥有同一个关键词：奋斗。

2014 年初，我到南都周刊，开过几次会，心里暗暗叹息，这样一群爱玩的同事，没有黄佟佟老师可怎么得了，总得有人干活吧。当时黄佟佟正在一份不靠谱的报纸里欲仙欲死，也想找一群好玩有趣的人做同事。好嘛，聊了 5 分钟，黄老师“就这样和你私奔”，到了南都周刊。

黄佟佟来南都周刊之前，周刊工作量第一的记者是我。尤其初来乍到之时，对周刊有敬畏之心，一个月写了四篇社论、三个封面、两篇专栏，后来和一位三个月没写稿的同事深聊，也就放慢脚步，等等我比较散漫的灵魂。黄佟佟不一样，她有着一双闲不住的手，只要你不捆着她绑着她，她就埋头写封面。如果不给同事留面子，我相信她能承包周刊每一期的封面，还有聊八卦、学画画的闲暇。

@胡雯雯：佟佟老师最初是以知名女作家的抬头进入我认知领域的，合作后才发现，她是少有的活儿好又快的专业记者，经常是披星戴月去外地采访完后，积累了几小时的录音，却能连夜赶完一篇近万字的封面报道稿件。这种专业精神在如今这个浮躁而势利的社会还能亲身体会到，是一件叫人特别感动的事。我想这也是她如此从容优雅的底气所在吧。

媒体人多有个性，也就是说，媒体人毛病很多，有的社交恐惧症，有的拖延症，有的不接手机症。奇怪的是，媒体人的毛病，黄佟佟一样都没有。她热爱聊天，热爱和采访对象聊天，她从不拖稿，从不推活儿，都是主动报题，报的还都是封面题。我经常严肃地说："黄老师是张居正，黄老师是曾国藩，黄老师是袁崇焕，给南都周刊这个'帝国斜阳'带来了一线生机。"

她爱聊天出了名。和同事聊、和明星聊、和闺密聊，能聊到四更天还神采奕奕。她是绯闻界的领袖、流言界的班头。这当然出于天生的兴趣。但后来我发现，这种聊天，还是黄佟佟在为写报道和专栏搭架子、打腹稿。如果没有对李银河老师的浓厚兴趣，就不会去认识李银河，并成为她的小闺蜜，也就不会有2015年《南都周刊》流传最广的一篇报道。没办法，李银河就是信任她，愿意对她讲。

黄老师采访路子很野，上能李银河下能"小鲜肉"，男可李健女可舒淇。上一届的年度记者洪鹄采访过冯唐，文青版，很好，我相信如果黄佟佟采，可能更接近我的心理期待，写出一个当代未央生来。一年前《我是歌手》最红的是李健，李健多矫情啊，黄佟佟能搞定，写出一篇李健的封面。出刊那周我去报摊买不到杂志，办公室也被人一扫而空，成为2015年卖得最好的一期杂志。

当然，采访弄潮儿，对于杂志很重要，却只是黄佟佟的捎带手。她最好的文章，是写40岁以上的明星人物。那种沧桑劲儿、那种由盛转衰的气氛、那种娱乐圈的悲喜剧人生，被她写得入木三分。这才是黄老师的拿手菜，散见于《南都周刊》，每次都让人眼前一亮。

喜欢踢球的人，形容一个人球踢得好，比如伊布拉希莫维奇，总说他"拖着一支球队前进"，或"把球队扛在了肩上"。在艰难的日子里，尤其我以及一些同事（当然也包括主编们）临阵脱逃的日子里，黄佟佟老师被迫成为伊布，扛起了一本杂志的封面。有时候我会想，如果有三五个黄佟佟，再掺和几个我这样的懒人，大家都不慌，都安心做一本杂志，是不是可以和趋势对抗一下子呢？

黄佟佟是湖南人，但她更像广东人，尤其像香港人。除了勤奋努力，她很有香港人做好手里一份工的精神。她不像个媒体人，她是陈文茜，是亦舒、梁凤仪。这样的女人，没什么事情是做不好的。

（作者系南都周刊专栏作家）

张东明点评

“业精于勤”，这话用于黄佟佟再适合不过了。佟佟的工作为什么做得这般出色？勤奋当然是最能被接受的解释。然而支持着佟佟“孤独”前行、勤奋不怠的，是什么呢？当是兴趣吧？而勤奋给她带来的成就感也持续地激发着她的兴趣。恰恰是“兴趣—勤奋—兴趣”这样的循环，成就了如匠人般专注于手艺的佟佟，催生了一件件心血力作。正是靠着许许多多佟佟的精心耕耘，南方报业才有这样耀眼的辉煌。

2015 年度记者

活

蒋梦瑶

个人简历

2012年毕业于武汉大学新闻传播学院网络传播学系，同年通过集团招聘加入南方报业，入职南都娱乐周刊。2012年至2013年在广州作为粤港记者负责音乐线，2014年至今驻北京任电视线记者。

2015年度记者 入选理由

在纸媒遭遇严冬的时节里，依然葆有做新闻的初心，实属难得。一直坚持原创与理想，将每一份报道尽善尽美地呈现给读者，归因于她对这份职业的热爱与耐得住寂寞的心。她入行时间不长，但一直在用自己的青春书写她的新闻理想，日益成熟冷静的行业观察伴着活泼逗比的网络文风，让我们看到一个在成长中从平凡走向优秀的记者身影。

年度
说
1

靠近朝气蓬勃的年轻人

说实话，接到这个“年度记者”入选通知时，心情有点慌。作为一名平时没皮没脸惯了的娱记，突然要顶着这个头衔，严肃正经地写一篇自述，真不知道从何写起。

不过，要不是因为写这篇自述，恐怕也不会有机会如此审慎地回顾自己这几年的工作、生活。还记得四年前，我们这一批八十几个校招新人初进报社，大家要进行自我介绍，当听到很多同学洋洋洒洒谈论新闻理想的时候，我觉得很惭愧，深感当初进入这行纯粹只是因为觉得有趣，完全是动机不纯。没想到这第一份工作一干就干到了第四个年头。大学同学有时候开玩笑调侃：“平时上课交作业最自由散漫的你竟然去当了记者，竟然还干了这么久！”

今日娱记

这些年，顶着“娱乐记者”的头衔，遭受过不少的职业误解。尤其是很多人知道你是个娱记时，第一反应都是：来，说个八卦听听吧。每当这个时候，总会有一种疲于解释的无力感，也真的很想翻个白眼说一句“真的不是每个娱记都有很多八卦，而且（我）也并不热衷于说学逗唱散布八卦”。

跟别的行业相比，可能在很多人看来，娱乐是大众化、庸俗的消遣，既不复杂也不艰深。镁光灯前的歌舞升平和幕后香艳十足的八卦秘辛，自然而然地令跟这个行业相关的工作都镀上一层流俗猎奇的色彩。对“娱乐”两字的刻板印象，使得这些工作被消解成了“无意义”和“肤浅庸俗”。以至于“娱记”就简单粗暴地被定义成了蹲在机场、蹲在明星门口抓拍一些八卦，然后和明星轻松聊天，问一些无节操问题的记者。但在这背后，是常年出差，是在各个看上去光鲜亮丽发布会或颁奖礼的角落里披头散发地蹲着写稿，是早就习惯了在飞机上、大巴车上、出租车上、火车上各种赶稿，是一有突发就要冲到现场，是需要临时恶补各种法律知识、财经知识的角色我曾经蹲在法院门口，想尽各种办法混进去旁听，也曾经试过和粉丝们、黄牛们斗智斗勇。而能坚持到现在，可能还是因为那两个字：有趣。

大学读的专业是网络传播，也就是现在大热的所谓新媒体。课本上讲的大多是“新媒体浪潮不可阻挡，传统媒体深受冲击”之类的论调。学的技巧是如何用图文和视频去呈现新闻，如何快速地拟一个夺人眼球的网络标题。毕业之后，没想到学的新媒体专业却进入到纸媒。也真的算是亲身经历了“纸媒的寒冬”，尤其是这两年，一家家的纸媒宣告停刊、身边的同行纷纷转型，或自主创业，或去了互联网公司，或是开了微信公众号做了自媒体。也算明白了什么叫“老师诚不欺我也”。转型和改变像悬在很多传统媒体人头上的达摩克利斯之剑。

忘记了从什么时候开始，采访对象变得越来越年轻。突然有一天，采访对象叫你阿姨的时候，升腾起的“未老先衰”感简直强烈到不行。读者也越来越年轻，他们是一波玩着电脑长大的90后、00后。热衷于快速方便地获取资讯，并且沉迷于有趣、好玩，拒绝苦大仇深和严肃。随之而来的，是为了适应新媒体的阅读习惯，传统媒体那一本正经的写稿风格也需要做出巨大调整和改变。现在需要的是快速的报道，选题要更新颖，文笔要更活泼；要用年轻人习惯的语言，最好要图文并茂；观点要更犀利，最好一针见血……所以对我们来说，现在的采访不仅要写文字，还要学会新媒体的那一套：训练有素地第一时间拍图发微博，或是快手写个逗比的微信稿；网络新鲜用语要信手拈来，表情包用得要勤快；还要时刻关注新出的娱乐热点，以免错过选题，跟不上潮流话题。现在看来，无论是迫于媒体转型的改变，还是这份工作的天然需求，一份让人与时俱进的工作不是也很有趣吗?

人不可能永远年轻，但总有人正年轻着。去靠近这些朝气蓬勃的年轻人，去了解更多有趣的人、有趣的事，认识他们、理解他们，这或许就是娱记记录这个时代的方法。

很多人都爱戚戚然地表达对“娱乐至死”的隐忧，但这就是现在不可抗拒的现状和潮流啊。当互联网成为习以为常的生活环境，娱乐化的表达影响了方方面面，公众话语泛娱乐化表达成为常态，娱乐的时代早就已经开启。之前采访马东，这位曾经的央视名嘴，从体制内走出后做了一档娱乐意义大过严肃辩论的节目《奇葩说》，风靡年轻人族群。他就曾说过，互联网时代，娱乐就是本质、意识和形态。这或许可以回答“娱乐的意义

年度秀 2

作品名称：《鹿晗时代萌暖来袭》

刊载媒体：《南都娱乐周刊》

发表时间：2015年1月7日

作品影响：这两年娱乐圈涌现了不少人气新偶像，他们被定义成一群打破规则的娱乐圈新血。鹿晗就是其中最典型的一位，其所到之处皆是疯狂的粉丝。他不怎么接受采访，但在社交网站上随便say hi，就能轻松得到成千上万的粉丝响应，多家媒体和杂志都试图从不同角度去解读“鹿晗效应”。大部分观众可能还对他们一无所知，就被他们的超人气给震撼了。这是鹿晗解约回国后第一次接受娱乐杂志采访，也是国内媒体最早大篇幅采访、报道鹿晗。通过连续跟访鹿晗上宣传通告、拍广告和杂志拍摄，近距离观察这个人气偶像的日常工作、生活，全方位解读这位对广大观众而言即陌生又新鲜的偶像的真实面貌，详细剖析了鹿晗的成长历史和心路历程。报道出街后凭借独家、及时、快速的特点得到热烈的反馈，在粉丝和广大读者中引起了强烈反响。

是什么”这个问题。

小鲜肉时代

还记得四年前刚进入报社的时候，作为当时整个杂志社年纪最小的记者，同事们开玩笑说我是“脑残的90后”。自从有了这些“XX后”的称呼，按照年龄代际来划分和贴标签最方便、粗暴。那时候“90后”在大多数语境里仍然意味着幼稚不成熟，更多地被用于调侃和吐槽。

但随着“90后”的长大就业，他们的审美和行为方式深刻地影响和改变了社会生活。娱乐圈经历了一轮换血，新鲜的偶像以“小鲜肉”的名义被拥立，艺人明星越来越低龄。TFBOYS、SNH48这些有别于传统的偶像团体，正代表着新的偶像成长模式快速地发展着。互联网、粉丝经济、偶像制造产业可以在短

时间内速生和速灭一个偶像。90 后、00 后偶像们来势汹汹，更年轻的粉丝们抢占了话语权。

可能很多人对这些新偶像不屑甚至鄙夷，觉得他们年轻、肤浅，没有内涵，凭着一张脸就能成功。在这一年的时间里，不止一个人问我：TFBOYS 是谁？鹿晗是谁？为什么这么多粉丝跟疯了一样地喜欢他们？连编辑都时不时地来问我“你们 90 后现在喜欢谁？喜欢什么东

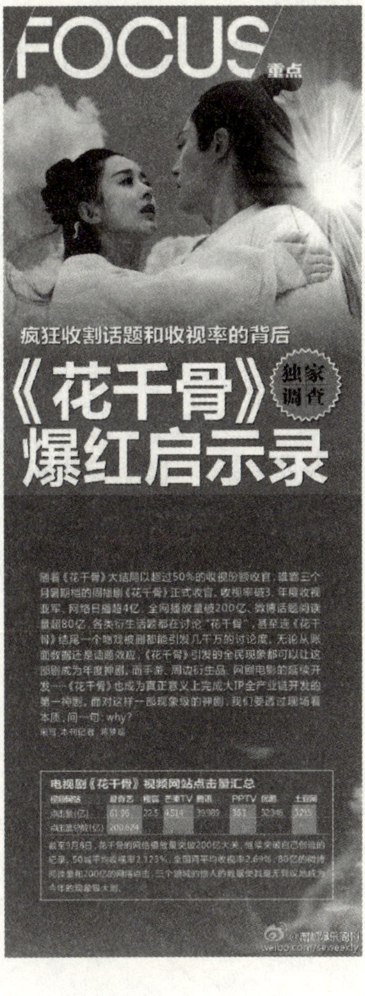

年度秀 2

作品名称：《〈花千骨〉爆红启示录》

刊载媒体：《南都娱乐周刊》

发表时间：2015 年 9 月 18 日

作品影响：2015 年暑假的电视荧屏都被一部叫《花千骨》的玄幻电视剧占据了。为什么这部剧会这么红？到底有多红？这是做这篇调查报道要解答的问题。从电视剧的爆红现象入手分析，从大数据解读可以看出，电视剧不仅收视率节节攀升，网络点击量也连破纪录。而通过业内调查，了解了《花千骨》在成为“现象级”电视剧的同时，演员们的片酬也水涨船高，甚至连配角的片酬也暴涨几十倍。配以采访制片人唐丽君、主演赵丽颖、张丹峰，从制作、演员多角度切入，分析该剧对电视剧行业的启示意义，这是一篇比较全面的行业报道稿。

年度
秀
2

作品名称：《李易峰：时代和人民需要小鲜肉》

刊载媒体：《南都娱乐周刊》

发表时间：2015年7月22日

作品影响：和鹿晗一样，同为新生代偶像的李易峰拥有很高的人气和疯狂的粉丝。通过《古剑奇谭》爆红后，李易峰一跃成为新生代中的"当红炸子鸡"，工作和行程的忙碌，使得这次采访的约访过程困难重重，也使得我们有足够的时间去观察李易峰这一年来的改变。这篇访问从与李易峰爆红前夕的那次采访做对比切入，通过大量的周边观察和采访，解读李易峰爆红的这一年，并从李易峰这个个体案例来反馈"小鲜肉"群体在这个时代受宠的原因和走红的轨迹。

西？"突然整个行业的风向就开始向这些年轻人倾斜。而年轻成了一种职业优势。所以，如何去靠近这些年轻人，成了我这个90后这一年做得最多的事情。

其实这种刻板的偏见并不难理解。这是对新鲜事物本能的警戒心。而我的工作大概就是去回答这些问题，从这些有趣的、新鲜的人和事中发掘那么一点点的意义。也试图去了解这些备受崇拜的偶像背后符号式的意义。

"小鲜肉"成了我这一年接触最多的采访对象。从归国的鹿晗、吴亦凡、黄子韬，再到通过一部电视剧爆红的李易峰、陈伟霆、赵丽颖……打交道的对象无一不是高人气的偶像。粗略算了下，我在2015年大概写了16个封面报道，占了全年封面报道的三分之一，这其中一大半都是这些年轻艺人。

采访这些新偶像需要技巧吗？当然需要，甚至可能比采访一些传统艺人更需要。因为对这些新偶像而言，他们没有复杂的人生经历、没有跌宕起伏的故事、没有深厚的内涵，甚至他们还有着严苛的偶像生长模式，没有办法表达内心真实想法。他们最大的优势可能就是年轻以及拥有一张好看的脸。跟他们聊什么？怎么去理解他们？如何从对话中抓住这个人身上的闪光点？如何去理解成千上万粉丝爱着他们的理由？

其实采访多了这些“小鲜肉”，真的会审美疲劳写稿无能。每次抱着“怎么办，又是个不会聊天的小鲜肉，怎么写出不一样的感觉”的焦虑感，终究要挖空心思找一些不一样的角度，这个与自己固定思维模式斗智斗勇的过程，很痛苦，但其实也挺有乐趣的。

采访的准备工作往往都从一无所知开始，去了解他们的成长轨迹；去听他们的歌和看他们的剧；潜入他们的粉丝站和贴吧，跟他们的粉丝保持互动；去到这些偶像的工作场合，观察他们跟粉丝的每一次互动，理解他们每一次疯狂行为的背后逻辑，同时还要躲过宣传经纪人的各种“出于保护艺人考虑”的要求。做了这些案头工作，才能找准这些明星艺人愿意聊又能言之有物的点。比如你跟鹿晗聊聊足球、跟张艺兴聊聊音乐、跟黄子韬聊聊霸道总裁和他疯狂被黑的表情包，没准还能聊出点什么不一样的东西。

有时候了解他们还远远不够，他们只是这个庞大的偶像生产机制中的一环。更多的时候，你还要跟他们的粉丝聊为什么爱这些偶像，分析这些粉丝的狂热行为。所以有时候还要跟着粉丝去一起接个机，或者一起去包场看个电影。

此外还可以从整个行业的角度去解读这些“小鲜肉”们，去调查制片方怎么看他、广告代言商怎么看他、他的商业价值在哪儿、片酬又如何。围绕着这些“小鲜肉”的方方面面，都要做全盘的梳理和了解。有时候做这些“小鲜肉”的报道，与其说是个人物稿，其实更像是个调查稿。而这其中对采访的好奇心和渴望祛魅的动力，真的挺重要的。

有趣的电视机

尽管每周交稿子，都是一次赶在 deadline 之前的劫后余生。每次都咬牙切齿地发誓，下周再也不做这么多的稿子了。但真的等到下一周，突然又有一个新的选题丢给你的时候，“这个题还蛮有意思的”“这个人好有趣哦，要不要采访一下”的想法，大多数时候还是战胜了“这周我要休息”的念头。

除了跟这些“小鲜肉”打交道之外，做得最多的工作就是平时负责的电视剧行业报道。而电视行业这两年更是瞬息万变，庆幸的是，它也好像变得越来越有意思了。

“年轻化”不仅影响偶像换代，还渗透进电视行业。一剧两星、网络自制的兴起、二次元审美的渗透，都让行业出现了很多新气象。从《古剑奇谭》到《花千骨》再到《琅琊榜》的火爆，年轻电视观众的审美情趣也发生了巨大改变，电视台从原来的生活剧、抗战剧占据天下变成了古装玄幻、偶像言情、魔幻仙侠、谍战特工等多种题材群分的局面。打开电视，不再只有狗血的婆媳剧，虽然这些新兴的剧也会有狗血雷人的地方，但谢天谢地终于雷得不那么千篇一律了。而 IP 热、网络剧的兴起，更是让电视剧变得更加年轻、多元和有趣。以前在国产电视剧中看不到的灵异、探案、盗墓、科幻题材层出不穷，且努力地尝试着做出改变。越来越多的新现象、新名词层出不穷，让人迷乱了眼，吐槽成了日常，二次元成了新的流行文化，电视剧要像《太子妃升职记》那样又美又污才好看。又狗血又好看的古装仙侠剧成为流行的爆款，捧红了一大票的“小鲜肉”。电视剧要配合弹幕欣赏口味更佳，即使是吐槽也是带着真爱。

于是，“武媚娘被剪胸的背后”“网络小说改编现状”“网剧逆袭”“当我们谈论 IP 时在谈论什么？”等调查专题应运而生。从数据的解读到现象调查再到演员的采访，尽管每一次都是不小的工程，但能了解这些电视剧出产背后的故事，就像一次满足好奇心的历程。

这也给记者们布置了更多的课题，去看更多的年轻人爱看的小说、漫画，去年轻人爱去的弹幕网站，学习年轻人的说话方式，成了 2015 年做得最多的自我修炼。虽然有时候难免手忙脚乱，但跟这些新鲜的人和事物接触的时候，收获的一种自我满足感还是因为有趣。

人不可能永远年轻，但总有人正年轻着。去靠近这些朝气蓬勃的年轻人，去了解更多有趣的人、有趣的事，认识他们、理解他们，和他们交朋友，或许自己也不会变得那么无趣吧。而这或许就是娱记记录这个时代的方法。

（作者系南都娱乐周刊驻京记者）

说
年度
3

红红火火恍恍惚惚蒋顺发

林帆

第一次听说新入职的记者叫蒋梦瑶，我们都以为她是演员蒋梦婕的姐妹，又是苏杭女子，想象中是温婉柔情琼瑶剧主人公。之后没多久，采编每周例会，我们围坐一圈，一个长发女生，低头涂鸦默不作声，坐在主编左后方，稳稳地翘着二郎腿，妥妥的 90 后富二代模样。

后来知道她的江湖大名是蒋顺发，得名于杭州一家糕饼店。从此我们就把当时部门年纪最小的她尊称“发哥”，她也大大咧咧地应着。“顺发”这名字，似乎带给她的喜感成分多于顺当。被忽悠进了股市的半年，她神奇地遇上买啥跌啥、卖啥涨啥的魔咒。有一次我们一起算星盘，她算出了太阳双子、上升射手、月亮白羊的奇特组合，被戏称为“逗比结合体”。她像流行电视剧里那种傻白甜，也像《请回答1988》里那个邻居女儿德善，她应该是我在《南都娱乐周刊》10 年记忆里最迷糊的记者，逢下雨必丢伞这种都不算事儿，在广州跑活动家里被爆窃，在杭州过了海关身份证还能不见，在韩国出差能把钱包、护照、电脑丢在厕所……然而，也许也得益于这名字，尽管跌跌撞撞，最终三年过来，发哥倒是茁壮成长着。

从每周来回广州和香港，到去北京电视、音乐一脚踢，我们见面越来越少，合作却越来越多，尤其是在 2015 年。前段日子我们策划了一期《2015 男神特刊》，盘点了娱乐圈 15 位最红的男星，发哥包揽了 8 位，她才是真正的“小鲜肉收割机”好吗！《南都娱乐周刊》全年 48 期，她奉献了 16 期封面报道，一个人撑起了三分之一的天空。以量取胜吗？不仅限于此。相似的明星，不同的看点。发哥貌似误打误撞，却能每次都发掘出新鲜点，不知道是她的少女本质撩逗了受访男星，还是逗比气场带歪了受访者。她调侃“小鲜肉”鹿晗，会跟他争论 C 罗厉害还是梅西厉害；她采访“老干部”靳东，能挖出其酒后教育霍建华“台湾是中国不可分割的一部分”的段子。她常常在南都

@范殷殷：90后元气美少女蒋梦瑶，江湖上更响亮的名字是：顺发。双子星座分裂四维人格，可与“老干部”聊二次元，可与“小鲜肉”畅谈艺术人生。全年扛起16个封面报道，N篇深度调查，为娱乐注入新鲜思维，用胶原蛋白熬夜熬出一篇篇生动好文。新一年工作之余解决个人问题，是我们这些老同事对她的良好祝愿，欢迎留言联系。

娱乐周刊群里认真推荐她的男神，并为之广发红包。即使她的男神名单从摇滚老炮Lou Reed、David Bowie，再到“塘主”张翰、文艺男黄轩、“神探”刘昊然、00后TFBOYS，老少通吃。她一边全心全意地爱着，又一边全心全意地伤着。有些去世了、有些结婚了、有些恋爱了，女主都不是她，她心伤体胖各种Sad，却在这样的日子里，仍吭哧吭哧地被我们催稿码字中……

要说发哥是人见人爱的好记者吗？我们可能也会摇摇头。她和我都是上了做版室“黑名单”的。或许是每周稿量太大，发哥是个严重的无可救药的“拖稿症患者”。如今美编听到她的名字，都会默默推掉了周五（截版日）的约会。就算已经是个资深记者，她每周依然要从周一焦虑到周五。再怎样熟悉的艺人，她也会经历一番搜肠刮肚，与我们各种讨论，想着怎样问得与上次不同，纠结写法又能做什么突破。与此同时，她每次不满意自认“没什么亮点”之后交的稿子，却永远比她预期的字数要多得多，所以她又是著名的超字大王，把删哪一个亮点的难题“爽快”地交回给编辑。而每次交完稿子“叫嚣”着再也不接这种题的她，在下次我们往群里丢一个新闻线索却无人应答的时候，也还是她，弱弱地敲一句“我去问问吧”。也许正因为这一份对报道本身的敬畏和纠结之心，她才可以让自己的每一篇稿子都与之前有所不同，一步步深深浅浅却前行着。于是，在每一个周五，我和她都难兄难弟似的，互相鼓励，又互相致歉，周而复始，一直慌张，她交完稿在北京吃她的“猛虎下山”（一家麻辣烫店，还好发哥没用这名），我做完版在广州吃我的“小樽食堂”。就这样，2015年就恍恍惚惚过去了，2016 年又红红火火地开始了。

（作者系南都娱乐周刊编辑）

张东明点评

初生牛犊不怕虎，无数英雄出少年。笼统地以年龄代际来划分人的能力，未免太武断了。能与不能，要看具体的人。世有三岁之翁，亦有百岁之童。有些事，譬如当个娱乐记者编辑，年轻人就可能比老同志更为合适。人家90后、00后更加清楚同龄人的喜好，因而更有可能捣鼓出适合新人类口味的娱乐报道。90后的蒋梦瑶，在她那个代际中，堪称大姐吧？在90后中，何谓娱乐、何以娱乐，梦瑶应该较有发言权。而相较于60、70、80后，就更不用说了。正如早晨八九点钟的太阳，蒋梦瑶们在天天向上啊。

2015 年度记者

搏

潘莹瑜

个人简历

巨蟹座的肉食主义者，畏生人。2006年毕业于湘潭大学，新闻学小清新。2008年进入奥一网社区组，任主编，成为一个小团队的头儿。追求真理、不愤世但嫉俗，是个50%文学青年。不喜欢生人加微信，但又喜欢在群组霸屏。热爱美食但不做，喜欢房间整洁但不爱打扫。坚信努力就有回报，坚持不鄙视任何人。忠于理想、心怀正义、努力学习、热爱生活、拼命工作。

2015年度记者

入选理由

快速反应，说明了一个人的工作态度；准确反应，说明了一个的人工作能力。社会热点纷繁复杂，突发事件猝不及防。多线程网编已在路上，而潘莹瑜，检测无疑是并行网编。统筹社区工作以来，她深刻理解UGC频道的工作重点，内联外引，拓展资源。基础工作扎实有序，重大策划独家先行；线上线下协调发展，PC无线同时推进。出手准确、利落，反应及时、高效。强大的单兵突破能力，可堪点赞；强烈的团队合作精神，值得赞扬。在工作中学习，在学习中成长。由个人冲锋陷阵到率团队集体冲锋，潘莹瑜正以进取姿态，砥砺前行。

年度
说
1

理想，不进则退

你需寻得你所爱，并为之守望。高中时，班主任问我们的理想，我说要做战地记者，因为那时候勇敢闯入战场的闾丘露薇正怒放着她的新闻生命。如果说一开始，这种理想还处于原始而感性的状态，那么当一次次赞扬形成强烈的社会影响、一次次舆论监督改变问题的走向，体会了新闻工作神圣力量后，我对如今这份如愿以偿的事业多了几分理性的热爱。

幸运，就是当你准备好了的时候，机会来了

人在总结别人的时候都能侃侃而谈，而在自我总结的时候却有点莫名的尴尬和害羞。但，回首过往仍难掩青春的奋斗激情。

2008年进入奥一网。8年里除了夜班同事，我几乎都是第一个进办公室。所谓的幸运，就是当你准备好了的时候，机会来了。我不认为通宵写方案有多辛苦，不认为一个下午独立做出一个主题刁钻、资料繁杂的专题报道有多艰难，不认为执行线下活动时扛着大包小包的物料和工人一起布置会场有多吃力，不认为一次次独闯和敲开陌生人的办公室大门和他们谈合作有多恐惧。曾经的“难活儿累活儿”，是我成长的垫脚石。如此，我也一次次和收获“不期而遇”。

作为社区主编，我做的是策划、统筹、组织、协调；我要思考的，是如何扎实地推动社区工作；我所面对的，是传统社区频道如何迎接信息技术革命洗刷后的媒体新业态。将梦想变成现实，一步一步跨越“昨天”的台阶。

我们爱用户，用户才能爱我们

有人说社交媒体时代，PC首页已死。PC就像一只大象，想让它快点跑，可能它真的很难跑得动。可是如果不跑，它就会被大大小小似鼠虫蛇

蚁的新媒体消灭掉。作为传统 PC 网站，奥一网的确面临着巨大的流量压力。我和社区团队在某一个阶段，最恐惧的就是老杨（我的领导和师傅）在 RTX 上发流量排名表，那段时间似在接收阵亡通知单。当然一个奋发图强的团队是不会安之若素的，我们知耻后勇，逐步明晰网站流量产生瓶颈的复杂原因。行业内有个观点：移动互联时代和传统媒体时代内容提供的最大不同，以前是内容为王，现在是用户为王。现在的用户虽说不上足够主动，但有了更大的选择权。任何信息输送都难以一家独大。

而在我看来，这说对了一半。如今的互联网江湖，内容和用户缺一不可，它们都是核心资源，所以我们要做的是：迅速增加高质量内容输出量，和网友建立革命友谊，鼓励网友自己生产内容；另外主动创建精品栏目，社区的两大专栏着力挖掘网友痛点，时刻怀着“重大活动我们在，社会热点我们在，八卦话题我们还在”的膏药精神。只有主动提供差异化的高质量内容，我们爱用户，用户才能爱我们。只要有人，任何价值都会产生。我一直有个观点：用户就是水，但用户不能像水一样哗哗来，又哗哗走。我们应该有个蓄水池来把流量存储起来，不管在新媒体平台还是旧媒体平台，用户永远都是“稀缺品”，也永远都是这个平台发展的基础资源。

人的一生，最该做的是寻得自己所爱。如果你还没有找到，别停止，总会遇见隆重的庆典。我们遇到了挑战，我们接受挑战。困难，总是在变革和转型的重要关口显示特别的意义。

有人说，各类媒体在转型的时候，会被流量 KPI 误导，结果所谓流量有了，但是价值消失了。可是你能找出比流量更能最快最直接体现价值的标准吗？我们否定了流量就等于否定了用户的选择能力。把信任交给用户，你用心制作的优质内容自会发扬光大。

让烧脑成为一种职业病

全国所有主流媒体正在发生积极的变化。人的个性是最奇怪的事情了，你喜欢水生植物而我却偏爱多肉。新事物的诞生是因为对旧况的不满足：用户向移动端转移的趋势不可逆转，H5 已不可阻挡地成为如今互联网最重要的报道手段之一，它使专题呈现形式更加多元，音乐、图文、互动相得益彰，传播效果也更加明显。所以，强化移动端专题页面的制作也一直是我们日常内容工作要点。

年度秀 2

作品名称：《穿越时空的深圳“寻根”之旅》

刊载媒体：奥一网

发表时间：2015年8月

作品影响：助兴深圳特区成立35周年，老话题做出新花样。采用互动问答的形式，以深圳在经济、文化、教育、科技、交通等10个方面的历史演变设置10个问题，用新老照片的更替表现穿越，答对问题老照片就会变成新面貌的照片，引领大家了解和回顾深圳发展历程的同时又增加了互娱性，激发深圳人热爱深圳、更爱深圳的情感。发布后在微信端受到广泛传播和点赞。

要做就做精品，这一直是我多年做策划专题的创作理想。支持理想的是对一个个主题、角度、文字、标题……苛刻的锤炼，把创作的内容以最优的姿态呈现在终端，让用户感受到创作者的用心和对他们的尊重也是我一直和我的团队编辑们强调的。

其中《穿越时空的深圳“寻根”之旅》的策划过程颇具代表性。这个策划的背景是为纪念深圳特区建立35周年，我们组要出一个与之相关的策划。这类主题常见，可以用的素材很多很杂，所以也很难做出新意。而我们之前刚做完一个项目，留给我们的时间并不多。如何在短时间创作出一个出彩的策划？首先我会考虑我的用户打开率、他们互

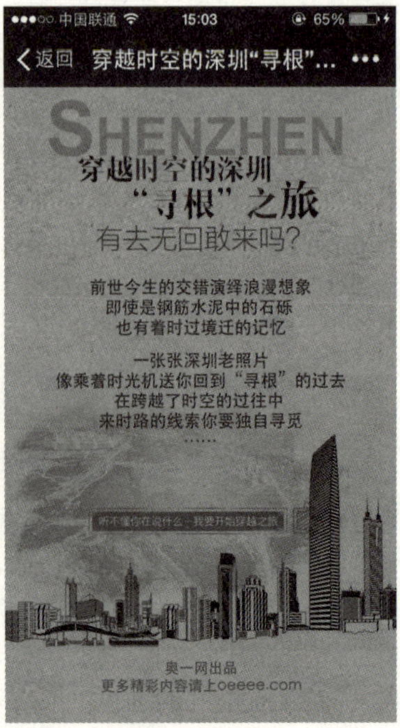

动过程的愉悦度和最终结果的合理性以及美工程序的完成度。凭着多年的创作经验，立马有了几个初步方案。经过对画面、逻辑、文字和展现形式的模拟推敲以及采用换位思考法对用户心思进行揣摩后，最终形成了方案。策划采用互动问答的形式，以深圳在经济、文化、教育、科技、交通等10个方面的历史演变设置10个问题，用新老照片的更替表现穿越，答对问题老照片就会变成新面貌的照片，一个并不新颖的主题通过角度创新、文字创新、设计创新、报道融合创新，大大提升了用户对历史数据的理解和对文字的感性共鸣，在引领大家了解和回顾深圳发展历程的同时，又增加了趣味娱乐性，成功引爆微信等移

年度秀 2

作品名称：《中秋节，县长市长会收到“月饼”吗？》

刊载媒体：奥一网

发表时间：2015年8月14日

作品影响：一改过节千篇一律的“喜大普奔”风格，从近年的热门词“反腐”入手，以一块“失足月饼”的前世今生、堕落异化史来窥探从明清时期到现在县官权力的边界演变，举实例、列数据。这里的月饼既是月饼，又是“贿赂”与“官僚主义”的象征，尺度得当又一针见血，引人深思。中国风的画面，拟人的月饼和卖萌的官员，整个专题内容翔实新颖，风格复古却不过于严肃古板，受到众多网友的转发、点赞。

动端。

当然，对于可预见的重大新闻、重大节日，我们可以提前策划，组织报道。但面对那些不可能预测到的突发事件、火山爆发似的热点话题，社区编辑如何高质量运用自己的资源把握新闻价值、增强报道的影响力，我还在不断摸索和学习中。

春天来了

目前互联网的趋势是以社交的形式往前发展。随着人们对互联网运用的越来越熟练，使用目的逐渐趋向理智。不是基于交友目的，而是基于交流目的的社交网络到底能有多美好，我是挺期待这件事的。顺便打个小广告：我们 2016 年计划做一款基于关系链的社交网络产品，虽然各种不可抗力因素的影响，我乐观估计失败率约为 80%，但是产品的理念让我感受到了我所做事情的价值。所有人都在活动里输出，所有人都在活动里吸收，每个人都得到了想要的。具体是什么，呵呵，暂时保密。

当然，通过线上线下联动吸引和粘连网友是奥一网的传统长项。2015 年，奥一社区组织线上线下活动 600 余场，包括奥一网品牌推广活动、网友福利活动、编辑与版主共同组织及网友自发组织的线下活动。从线上落地到线下，我们要做的是策划出更多有效的互动活动给平台带来更多活力，并形成相对稳定的品牌形象带来流量和用户。现在想想就好热血沸腾。

内容、技术、产品、渠道、用户、创意，这些都是推动互联网发展的重要力量，我们遇到了挑战，我们接受挑战。困难，总是在变革和转型的重要关口显示特别的意义……

人的一生，最该做的是寻得自己所爱。如果你还没有找到，别停止，总会遇见隆重的庆典。

（作者系奥一网社区主编）

说
年度
3

厉害的波姐

王文奇

“两份面，两杯豆浆，一根油条。”

每天早上，已经坐定在办公桌前的波姐都会用那双满含期待的眼睛深情地望着第一个到办公室的同事，让给她带份早餐。

习惯了叫她波姐，我常常忘记她真名叫潘莹瑜（盈余）。人如其名，自带富贵旺夫属性。耿直帅气如她，你若跟我一样也近视，10米之外定是难辨雌雄。

一年多以前刚进公司，我还没能记住她长相，她就回家生孩子了，所以听到的都是同事口中关于她的传说：工作能力强、幽默风趣、风风火火、循循善诱，以及家庭和睦、御夫有道、会生孩子、饭量大……以至于还没来得及等她回来当面膜拜，我就在自己的转正申请上难掩敬仰之情，一本正经地立志要以她为工作标杆和学习榜样。然而这其中发生了一些插曲，没有意料到的是，一年以来我的体重也在默默以她为标杆，这是我不愿意看到的。

波姐人缘好、人脉广，情商甩初出茅庐不谙世事的我十八条街，所以工作上的事情总能得心应手，左右逢源。

举个例子：2015年过年，抱着睦邻友好的心态，我在微信上主动加了正在家休产假的波姐的微信。虽然已经记不清楚那时我们寒暄了什么，但让我印象深刻的是，跟一个不是那么熟悉的人第一次聊天竟有种跟老熟人打招呼的舒服和亲切感。让我印象更深刻的是，她猝不及防地就给我发了个红包，竟比跟老熟人打招呼还要舒服还要有亲切感……能用微信红包诉说的感情，根本不需要语言表达。

再举个例子：公司举办的社区篮球赛，需要每个同事各自去找关系拿到免费场地。几个初来乍到举目无亲的新人顿时一副“Are you kidding me”的表情。正琢磨着要怎么找个瞎的出卖色相，波姐带着拯救苍生的光环出现了！她让我们这些没关系可拉的外地小孩都选择负责宝安的场地，而她会替我们谈好各个场地的借用事宜。没错，宝安是她的主场，一路向

@ **白家麟**：据说办公桌乱的人效率贼高（她说的），不说是否科学，放在她身上贼准。吃饭快、走路快、工作更快。当然脑袋也乱，主要病症是想法很多，抛出一个天马行空的创意给你，让你知道原来专题还能这样做。她是一个特别的女子，特别能吃。你来我们办公室闻着零食就能找到我——她就坐我旁边——最后我的零食一半都会进她腹中。当然这些食物最终会化为一个个酷炫的想法、牛逼的策划和考核任务 very 圆满完成，它们死得其所。

西的大前海，未来中国的曼哈顿，我给她封的“宝安一姐”真的不是说说而已。

毕竟是生于 20 世纪 80 年代的人，代沟总是会有。然而波姐个人气质使然，让人无法像对待一般同事或领导那样产生距离感。你忍不住跟她开无伤大雅的玩笑，一不小心还会被她带入各种奇奇怪怪的娱乐 CP 圈，说看起来横冲直撞却掏心掏肺的废话或心里话。

波姐从毕业后来到公司，至今已经 10 年。鉴于她的个人能力，安分执着到让人觉得不可思议。她时常带着对公司栽培的千恩万谢告诫我们：“尽管干活多、压力大，以后你会发现这不是吃亏，我就很感谢以前经历过的那样一段被当男人使的日子！”我能够发自内心地感受到波姐对当男人的向往，当然主要还是对公司栽培以及风水的感激。这 10 年，她从一个刚步入社会的少女变成两个孩子的妈，家庭和睦幸福，工作独当一面。

作为一个前辈，对我们这些个性极强、有点难搞的菜鸟，波姐也很有一套。除了善用发红包请吃饭等“收买”方式“笼络关系”，更会不吝信任与溢美之词“蛊惑人心”。

记得第一次，她看到我在网站上发的一篇小文后，RTX 上问我：“这是你写的？Very good！跟着姐做专题。”那时入职未到一个月的我，就这么跟着她入了做专题的“坑”，至今没有爬出来。她的想法很多，脑子的灵活度跟记忆力不成正比，从一开始写好专题框架让我填充到后来口述一个 idea 和策划要点给我更大发挥空间并及时修正我的创作方向，我很感谢她的栽培让我对这件事情变得越来越得心应手。

当然，她越信任我，我的事情也就越多。2015 年，她高瞻远瞩在论坛开了 3 个原创新栏目，分别是“听深音”“深圳日记”和“深圳 .Com”，因为似乎每个栏目我都要参与，在工资并没有变化的情况下，工作量瞬间翻了几倍，难免有点小情绪。

波姐找我谈心，在照惯例地把公司的好罗列了一遍之后，又罗列我的好……为什么我说她会“蛊惑人心”，对于我这种吃软不吃硬、道理又懂得多的人，就是“理都懂，然并卵”。而若是换一种方式，比如夸我夸得没有一点点防备，夸到自己都觉得真是好有道理，心服口服，出现一种使命感和荣誉感的召唤，就不得不被洗了脑似的乖乖回去更加卖力工作了。

事实证明，波姐每一次看上去兴师动众甚至怨声载道的推陈出新都是卓有成效的，社区组没几个人，每周出的原创作品却比有些网站全家都多，质量上也经得起领导、网友以及市场检验。在波姐不舍昼夜的鞭策、推动以及标题神功运作之下，论坛的流量借助《今日头条》打下了一片江山，取得可喜可贺的成绩。

可能多年以后回过头来看现在，我也会像如今她感谢老杨一样感谢她。某种程度上说，她算是我工作中的第一个导师，她的引导、分享、包容、信任、鼓励以及批评，都直接或间接地让我快速成长起来。

就正如她用亲身经历给我的告诫：工作中所面临的压力和困难，都是在塑造今后你的独当一面与足够胜任。我相信她，就正如我相信她的现状肯定靠的不只是面相和风水。

（作者系奥一网社区组编辑）

张东明点评

年轻人敬业，难得！年轻人创新，可贵！无论谁，要把事情做好、做到极致，敬业是首要条件。我们处在一个剧变的时代。唯有创新，才能因应和驾驭瞬息万变——现实生活如此，虚拟世界更是。网络空间无限广阔，网络传播是专业媒体人新的主战场，要想在这个从前不熟悉的场所闪展腾挪、克敌制胜，很多本事都得从头学起。只有像潘莹瑜一样，敬业爱岗、专心致志、开拓创新、精益求精，才能立足、才能成事。